ROGÉRIO GOMES

TOCAR A EXISTÊNCIA COM OS DEDOS DE DEUS

EDITORA SANTUÁRIO

Dados Internacionais de Catalogação na Publicação (CIP)
de acordo com ISBD

G633t Gomes, Rogério

Tocar a existência com os dedos de Deus / Rogério Gomes. - Aparecida, SP : Editora Santuário, 2021.
192 p. ; 14cm x 21cm.

Inclui índice.
ISBN: 978-65-5527-043-3

1. Religião. 2. Cristianismo. 3. Deus. I. Título.

2021-2417 CDD 240
CDU 24

Elaborado por Vagner Rodolfo da Silva - CRB-8/9410

Índice para catálogo sistemático:
1. Religião : Cristianismo 240
2. Religião : Cristianismo 24

1ª impressão

Rua Pe. Claro Monteiro, 342 – 12570-000 – Aparecida-SP
Tel.: 12 3104-2000 – Televendas: 0800 0 16 00 04
www.editorasantuario.com.br
vendas@editorasantuario.com.br

Dedico este livro a meus pais,
Olímpio José Gomes e Ana Maria Gomes,
em seus 50 anos de casamento,
e a minha avó, Geralda Ribeiro Gomes.
Com eles, aprendi as primeiras orações e a
construir o belo mosaico existencial da vida.

"Tarde Te amei! Tarde Te amei, ó Beleza tão antiga e tão nova! Tarde demais eu Te amei! Eis que estavas dentro, e eu, fora – e fora Te buscava, e me lançava, disforme e nada belo, perante a beleza de tudo e de todos que criaste. Estavas comigo, e eu não estava Contigo... Seguravam-me longe de Ti as coisas que não existiriam senão em Ti. Chamaste, clamaste por mim e rompeste minha surdez. Brilhaste, resplandeceste, e a Tua Luz afugentou minha cegueira. Exalaste Teu Perfume e, respirando-o, suspirei por Ti, Te desejei. Eu Te provei, Te saboreei e, agora, tenho fome e sede de Ti. Tocaste-me e agora ardo em desejos por Tua Paz!"

Santo Agostinho, Confissões 10, 27-29

PREFÁCIO

"Tocar a existência com os dedos de Deus"

Profundidade!, que vem do ser "amante" em relação a seu "amado" e vice-versa. E a explosão do amor vai obedecendo à lógica do "tecer" e do "construir" o tecido de um mosaico. Há um movimento interno, que se derrama no externo como luz, vida! O mosaico da existência humana se tece todos os dias com os dedos de Deus. Isso se torna, por vezes, incompreensível à razão humana. Aquele que está em você, que pensa, sente, deseja é a origem do amado, que se movimenta em você e dialoga com as realidades do mundo e seus contornos.

Um constante movimento de entrada e saída de nossa existência. É Deus se misturando. Os "dedos" de Deus vão tecendo a arte de viver interiormente e do sair para o mundo. É a comunicação como relação interna, com Deus, consigo, no mais profundo do âmago. É uma relação "visceral" com Deus. E cheios, exuberantes, possuídos pelo Deus, que primeiro nos amou, ele nos tece para ser sua imagem, seu rosto nos caminhos do mundo. Nas estradas retas. Nas tortuosas. Nas encruzilhadas. Nas alegrias. Na dor. Na impotência de transformação. Na fé. Na esperança. No amor. Na cruz. Na Ressurreição!

É a mística vivida em nosso templo interior que não está fora ou isolada do mundo onde habitamos. Pois são os "dedos" de Deus que vão tecendo o mosaico. Nele há sempre a "arte". Ela aparece no mosaico, porém somente se deixarmos que os fios de ouro do "tecelão" apareçam e delineiem sua imagem em nós. Seremos, então, luz no conturbado mundo escuro e sedento da vida que vai além do que a materialidade e a indiferença da sociedade nos oferecem.

Aqui reside nossa vocação primeira de estarmos à disposição dos "dedos" de Deus para que nos crie e recrie diariamente no mosaico de uma existência que nos leve a superar o simples existir e a VIVER ao que fomos chamados a contribuir para o projeto de Jesus Cristo "Eu vim para que todos tenham vida! (Jo 10,10). Vivamos o mosaico tecido pelos "dedos de Deus"!

Ir. Joana Terezinha Puntel, FSP

INTRODUÇÃO

A intenção deste livro é refletir, com certa poesia, sobre a possibilidade que temos de melhorar a qualidade de nosso modo de viver, saboreando, com intensidade, cada momento. Para isso, é preciso ler os acontecimentos de modo sempre profundo, sob diferentes ópticas e descobrir sentidos. Por detrás de cada acontecimento, sempre há uma vasta gama de possibilidades e de percepções que nos permitem ter uma visão mais coerente e verdadeira da realidade e dar-lhe sentido. Talvez seja isso – falta de sentido – que faz o mundo pós-moderno, enfermo pela depressão, dialogar com seu entorno e se fechar a ele. Porque a depressão não é somente uma realidade psicológica, mas pode vir a ser, devido ao fato de o sujeito não se perceber no mundo.

O mundo, com sua realidade, está-nos dado, e cabe a cada um de nós, desde nossos contextos, compreendê-lo sem nos perdermos em seus labirintos. Certamente, o labirinto mais complexo de compreender não é aquele do mundo, mas do ser humano em si mesmo e em sua trama de complexas relações. Uma vez, entrando em seus meandros, libertando-nos de tantas armadilhas internas, conhecendo-nos, é possível afrontar o mundo sem ter medo dele e nele se perder.

Somos mistério, labirintos, transcendência, imanência, humanidade, desertos, páscoas, mistura fina de bondade e maldade. Somos seres em caminho, em construção a cada minuto e reagimos, de diferentes modos, àquilo que nos interpela a nosso redor. Seguimos até a eternidade, quando encontraremos O Caminho e, nele, compreenderemos totalmente nossos próprios caminhos, nossas vias sem saídas, nossas encruzilhadas, os aclives e declives e, então, conheceremos inteiramente quem somos e nos tornaremos totalmente livres, junto àquele, que nos criou.

Tendo como proscênio esses elementos, pus-me a pensar em um título para este texto. Veio-me à mente *tocar a existência com os dedos de Deus*. Ousadia? Pretensioso? A razão é que o escrito toca as diferentes realidades humanas. Nosso ser não passa ileso pela história. Nem mesmo as pedras... elas podem construir, sustentar, machucar. E, nessa moldura existencial, somos pequenas pedras que, nas mãos do tempo e da história, vão se transformando em mosaico ajuntadas pelo sopro do Espírito. Se assim o é, somos testemunhas em nossa própria corporeidade e espírito de uma obra de arte feita com tamanho esmero e complexidade. Ao contemplá-la, deveríamos tocá-la com dedos tão humanos quanto divinos. Essa imagem tem profundo sentido humanístico, espiritual, ético e estético. Se tocássemos nossa existência e a do outro com os dedos de Deus, o mundo seria um lugar para todos! Todavia, no mistério da existência, talvez nos falte ainda encontrar nossa pedra angular para dar a forma a nosso mosaico e fazê-lo obra de arte existencial, para ser contemplada com olhar de eternidade.

Esse mosaico existencial que somos é composto de existência, relacionamentos, histórias, memórias, temporalidade, contingência, mistério, sonhos, misericórdia, perdão, reconciliação, dores e sofrimentos, cura interior, superações, começos e recomeços, fé, esperança, amor, fragilidades, sofrimentos, dores, perseverança, agradecimentos, delicadeza, ternura, paciência, escolhas, discernimento, oração, silêncio, contemplação, intimidade com Deus, redenção. Isto posto, de algum modo, o leitor se encontrará em alguma parte deste livro.

As perguntas, os pequenos textos de algum autor e as indicações bíblicas nos textos são para favorecer o aprofundamento de sua vida espiritual, a partir da concretude da vida cotidiana, e oferecer a possibilidade de um confronto consigo mesmo por meio da reflexão, meditação e oração pessoais. A vida espiritual e mística se desenvolvem em nosso templo interior, que não está fora ou isolado do mundo onde vivemos e nos fazemos pessoas. Por isso, conhecer nossas próprias luzes e sombras faz-se necessário nesse caminho espiritual cheio de desafios, novidades e encontros: consigo, com o outro e com Deus. Conhecer-se e se humanizar com a força que vem de Deus para ser "sal, luz e fermento" neste mundo tão dilacerado eis nossa contribuição enquanto cristãos!

1

PEGADAS NO TEMPO

No princípio era a Existência.
E a existência se fez carne e vida pelo sopro do Espírito, que passou a compreender e a descortinar o mundo com suas pegadas nas estradas da arte de viver.

Da explosão da centelha do sopro divino, fomos concebidos seres caminhantes, guiados sempre pelo mapa da surpresa e da imprevisibilidade.
Somos imprevisíveis, e viver é sempre imprevisível...
É a imprevisibilidade que nos constitui tão diferentes uns dos outros.
E nos faz ter tanto desejo de controlar, de tudo prever.
E ter medo do futuro imprevisível...
A imprevisibilidade nos tortura e nos deixa inseguros.

E assim, imprevisíveis, vamos deixando nossas pegadas no tempo,
Cumprindo nossa missão de seres caminhantes, de existir.

Existir é deixar nossa pegada no tempo e na história.
Pegadas na terra,
Pegadas na areia,
Pegadas na alma e na vida de alguém,
Pegadas no profundo mistério de nossa vida,
Pegadas de seres transcendentes que somos,
Pegadas do divino em nós,
Pegadas interrompidas,
Pegadas vilipendiadas,
Pegadas apagadas,
Pegadas desconhecidas de nós mesmos,
Pegadas marcadas em pedras, com duração de eternidade,
Pegadas que nos constituem humanos, evidenciando as digitais de nossa própria unicidade,
Que se revela com as próprias pegadas.

Pegadas para retomar o caminho e caminhar...
E deixar nele pegadas com marca do sangue dos pés que ousaram caminhar,
Superando os medos da imprevisibilidade e do novo.
Pegadas marcadas com o sangue da vida, que deixam marcas de carne humana a consumir-se no tempo e na história pelo ato de fé.

PARA MEDITAR:

Como você tem deixado suas pegadas no tempo e na história?

E como tem feito de seu próprio tempo o tempo de Deus?

Ecl 3.

2

E ASSIM DEUS NOS CRIOU

Antes do tempo sem tempo já estávamos no pensamento e coração de Deus,
Na eternidade dele.
Num ato de loucura, o divino Criador, que já conhecia todos os pensamentos humanos, deu-nos vida.
E, mesmo sabendo que nós, humanos, poderíamos errar uma vida inteira, assim nos quis e nos criou.
Resolveu, na divina liberdade, criar alguém cheio de mistério com sua originalidade e suas ambiguidades.
Tornamo-nos carne, razão, sentimentos, um complexo ser...
Um ser no tempo de um tempo, para viver um tempo...

Temporalidade... ah, essa realidade que vai nos fazendo, paulatinamente, tomar consciência de nós mesmos.
E, sem nos darmos conta, a vida segue seu transcurso e curso como rio a desaguar no mar...
No silêncio do tempo, vamos sendo gestados para a eternidade, o tempo sem tempo.

E desta maneira, Deus nos criou e nos deu duas vidas, uma situada no tempo e a outra na eternidade.

Sendo eterno, Deus nos fez experimentar a temporalidade, assim como ele próprio o fez.
E, depois de experimentar a realidade deste mundo, seremos eternos com ele.
Por isso, criou-nos.

E Deus nos criou a partir de sua esperança infinita,
Num ato de misericórdia e paciência sem limites,
Com seu sopro terno e eterno,
Despertando-nos para ver a luz e ser luz.

Então, da loucura divina, nasce sua obra-prima, o ser humano,
Para concluir a obra divina e compor seu jardim.
Ao criar o humano, Deus olha em seu rosto e se vê em sua face e em seus olhos.
E o humano se vê nos olhos de Deus,
E reconhece sua origem e identidade,
Pois era o único ser capaz de ter olhar divino,
Mesmo errando uma vida inteira.

Deus viu que o humano era bom.
Pois, mesmo a errar e a ser errante neste mundo,
havia no olhar e na face humanos
reflexo de bondade,
Desejo de amar,
Capacidade de compadecer-se,
Emanados do coração, a partir de um rosto.

No silêncio do tempo, em Deus, continuamos sendo gestados
no tempo de um tempo para viver um tempo e encontramos com o tempo sem tempo, aquele que se viu nos olhos e rosto humanos.
E assim Deus nos criou para sermos seu olhar e seu rosto no mundo, enquanto existir o tempo.

PARA MEDITAR:

Gn 1–2.
Sl 8.

3

VOLTAR ÀS ORIGENS DO SER

Voltar às fundações:
Às raízes,
Às memórias,
Aos dramas existenciais,
Às escolhas fundamentais,
Ao templo interior,
Aos sonhos,
À alegria incontida,
À própria fé.

Olhar o horizonte dentro do próprio ser,
Reconhecer a própria geografia existencial,
Encontrar nela os desertos,
Caminhar por seus bosques,
Descansar em oásis existenciais.
Subir as montanhas e tocar o transcendente do
próprio mistério.
Caminhar silenciosamente pelas planícies do campo, a
contemplar a simplicidade das flores,
Os silêncios e sussurros da natureza,
Os silêncios e o barulho do próprio ser...

Tomar a própria história nas mãos.
Tocar a própria fé antropológica e teológica e ser transformado por ela,
Escutar o Espírito que a cada dia nos cria e recria desde nosso caos.
E, dos pequenos fragmentos de nosso ser,
Transformá-los em um mosaico de vida.

Passado vivido, vida presente, vida futura...
Tudo permeado pelo sopro divino,
Que sopra as poeiras de nossa existência
E nos dá o brilho do ser, cheio de vida,
Para continuarmos a viagem até o dia que Deus nos quiser junto dele,
Mesmo que tenhamos de fazer a despedida dolorosa de nosso próprio existir...

Voltar às origens...
Curar-se, curar-nos.
Ressignificar o pior dia da existência,
Aquele que nos deixou marcas indeléveis e dolorosas em nossa alma,
Resultantes da espada cortante da palavra
E da indiferença silenciosa que nos torturou, machucou-nos
E nos deixou jogados às margens da estrada,
Mas que nos permitiu encontrar o impuro samaritano,
Que nos amou, compadeceu-se, cuidou, curou, preocupou-se
E fez nosso ser desfigurado poder continuar o caminho.

Voltar às origens, ao ponto zero existencial,
Para contemplar o horizonte da existência,
Para continuar a existir,
Para continuar a amar,
Para sempre recomeçar,
Para sempre voltar às origens,
Para chegar reconciliado ao final da própria existência.

PARA MEDITAR:

Em silêncio, reflita sobre suas origens familiares, suas memórias passadas e presentes, dificuldades pessoais, escolhas, sonhos e experiência de fé.

Após identificar esses elementos, reze o salmo 18 (17).

4

A CRIANÇA QUE EXISTE DENTRO DE NÓS

Todos nós já fomos criança um dia.
O tempo passa, amadurecemos e enchemo-nos de responsabilidades e nos tornamos pessoas demasiado sérias.
Esquecemos aquela leveza do ser criança que, com um sorriso fácil, esquece um pouco o mundo a seu redor e cria seu mundo de fantasia.
Talvez, por perdermos as fantasias, vamos tornando nosso mundo e o dos demais tão difícil, tão carregado, tão insuportável.

A fantasia não é uma mera ilusão!
É apenas uma forma diferente de ver e interpretar o mundo ou ser, por um tempo, um outro eu.
Há fantasias inocentes como as das crianças,
Há aquelas perversas dos ditadores e de quem escraviza seu semelhante,
E há aquelas que mudaram o mundo, as dos gênios,

dos considerados loucos e dos santos.
Primeiro, sonharam; depois, concretizaram o sonho em ação transformadora.

A fantasia nos faz enxergar acordado outro mundo.
Crianças que éramos, sonhávamos com olhos abertos, transformávamo-nos em heróis, mocinhos, bandidos, animais, pássaros e em seres inventados por nós mesmos.
Na fantasia éramos tudo,
Construíamos nossas máscaras,
que foram caindo com o tempo, para nos tornarmos adultos e assumirmos tantas outras em nossos papéis sociais.

Com nossa atitude de superadultos,
Esquecemos nossa criança interior, silenciada.
Não a levamos para passear conosco em nossos bosques existenciais, espirituais e lúdicos.
Não escutamos seus desejos,
Reprimimos seu choro, suas birras,
Não toleramos que ela brinque, fazendo piada de si e de nós mesmos.
Não a permitimos deleitar-se dos prazeres da vida, como criança que se lambuza de chocolate.
Não a deixamos arriscar a dar saltos sem calcular altura ou tamanho das próprias pernas.
Deixamo-la perder a capacidade de fazer da simplicidade um objeto de arte.
Usamos a disciplina para que ela esqueça os jogos da vida.

Deixamo-la esquecer os anjos de guarda no momento do perigo,
Preferimos nos tornar adultos extremamente rígidos, sérios, às vezes, irresponsáveis.

Recordemos de nossas fantasias, sem medo de sermos ridículos.
São elas que nos fazem crescer em estatura, sabedoria e graça.
Pois o próprio Deus fantasiou o mundo e o criou,
Deixou sua condição de onipotência.
Tornou criança para viver sua fantasia
E se perder no templo de Deus para encontrar o humano...

PARA MEDITAR:

Mt 11,25-30.
Mt 18,1-11.
Mc 9,38-42.
Lc 2,39-52.

5

A ARTE DE SONHAR

Tudo começa a partir de um sonho...
Deus sonhou o mundo criando-o
E livrou seu próprio Filho da morte por um sonho (Mt 2,12-22).
Nossa existência nasce de alguém que nos sonhou antes,
E a continuamos a partir de nossos sonhos reais, irreais, surreais.
Eles nos ajudam a dar um passo cada dia no sonho da vida.

Sonhar é uma arte poética,
Uma metamorfose da interioridade.
É *poiesis* que nos vai construindo a partir de dentro...
Tornando-nos benditos, livres...
Criativos,
Transcendentes.

Maldito o homem que não sonha, pois não é humano!
Pois até o próprio Deus, em sua infinitude, sonhou e continua a sonhar...

Ah, o sonho de Deus, ver-nos mais humanos e, por isso, mais divinos...
Não nos ver divinos, mas desumanizados, sem divindade, sem transcendência, sem ternura, eis o pesadelo divino!
O sonho de Deus, o sonho humano... e, desse modo, vamos sonhando cada dia.

Sonhar é transcender a realidade, não fugir dela.
Sonhar, *poiesis* que vai modelando nossa alma, nossos abismos.
Não importa se transformará a/em realidade ou não
Há de sonhar...
E experimentar a estética do sonho,
A *aisthesis* com todos os nossos sentidos.
Pois somos feitos de sonhos, por isso somos passageiros.
E, por sermos passageiros, sonhamos dentro da contingência que nos é dada,
Por essa razão devemos experimentá-los em sua intensidade,
Com sua mística e seus mistérios!

Falta-nos sonhar e sermos ousados em realizar os bons sonhos.
Estamos preferindo o pesadelo de um mundo escuro, sem vida, cinzento,
Que nos vai tornando sombrios e fazendo-nos esquecer nossa profunda essência divina: sonhar e amar...
Sonhar com os pés no chão, com os olhos abertos que vislumbram o infinito,

Que nos fazem despertar com desejo de fazer algo novo,
Sem ter medo de mudar o mundo, mesmo que ele continue do mesmo modo ou talvez pior.
Sonhar é transformá-lo de algum modo...
Sem deixar a vida passar sem sentido.
Pois, quando não sonhamos, definhamos, morremos.

A arte de sonhar é teológica,
Porque nos permite ser deuses sem querer ser Deus,
Incorrendo-nos no pecado de Adão.
Permite-nos a *poiesis*,
A sermos poetas que sonham e lutam por um mundo diferente,
Onde o ser humano possa sonhar e ser gente, ser humano para poder sonhar como Deus sonha...

E, então, mesmo na tenebrosidade da noite,
Ser a pequena chama insistente que brilha, apesar dos ventos contrários,
Compartilhando a luz do sonhar!

PARA MEDITAR:

Jl 2,28.
Is 35.
Quais os sonhos que possui para sua vida e para a humanidade?

Qual o sonho de Deus para você? Como você o interpreta para descobrir a vontade divina?

Olhando o mundo a seu redor, qual o sonho divino para a humanidade?

6

SOMOS HISTÓRIAS

Os dias vão passando, e, em cada um deles, uma história.
Somos seres que fazemos, narramos, criamos e testemunhamos histórias.
E, desse modo, a humanidade se constitui como um conjunto de pessoas com suas histórias, fazendo história, no tempo e no espaço, com sua própria irrepetibilidade.

Cada corpo recolhe as experiências e guarda em si suas marcas do tempo.
Cada olhar presencia um acontecimento com suas luzes e suas sombras.
Cada memória faz reviver o fato com suas alegrias e dores.
Em cada coração, os sentimentos ilustram os pergaminhos da obra que vamos, todos os dias, escrevendo.

Somos um livro que vai sendo escrito por meio de nossos atos com as tintas de nosso sangue e suor,

deixando manuscritos do que somos, cujas páginas são folheadas pelo vento da existência.
Somos escrituras vivas do Criador, que um dia nos constituiu palavra para dar som a sua Palavra, que veio para mudar a história e a nossa história.
Somos história sagrada na qual Deus está sempre a escrever os episódios de nossa salvação.
Somos obras históricas e frutos de uma história que se conclui com o prefácio do Divino Criador, que degustará cada capítulo da narrativa que escrevemos com nossas tintas e cores, e ele nos apresentará cada fato que vivemos.

Ao vir à luz, entramos para a história, sem sabermos que antes ocorreu uma pré-história que nos fez chegar até aqui.
E, aos poucos, aprendemos o alfabeto da vida e a narrar com nossos corpos e nossas ações relatos que nos fazem ser ou não ser.
Numa mistura de gêneros, nossa história é composta de contos, epopeias, fábulas, ensaios, dramas, romances, novelas, crônicas, comédias, farsas, poesias com suas elegias e seus sonetos.

Ao longo do tempo, registramos, em nossos papiros existenciais, nossas batalhas e guerras com vencedores e vencidos,
Nossas construções e obras de arte,
Nossos templos sagrados e profanos,
Nossos impérios que, pouco a pouco, vão derrocando com o tempo,

A história de heróis e heroínas, anônimos, que nos ajudaram a escrever nossa obra literária,
As memórias de quem amamos e restam registradas em tábuas de mármore ao longo do tempo,
E os códigos indecifráveis do mistério de nosso ser.

Somos histórias que o próprio tempo grafa e vamos escrevendo no tempo...
Inseridas no livro do Universo,
Que serão guardadas na biblioteca da eternidade.

PARA MEDITAR:

Quais os fatos marcantes de sua história pessoal?

Como você percebe a presença de Deus nela?

De que modo você lida com a história sagrada, pessoal e de seu próximo? Com indiferença? Com acolhimento?

7

TER CORAGEM

Despertar e ter a coragem de se levantar para enfrentar a vida.
Eis o ritual que fazemos todos os dias.
Acordamos e, num ato heroico, fazemos,
aparentemente, as similares coisas cotidianas.
Entramos na rotina, na roda da vida,
E tudo parece ser a mesma coisa, todos os dias.
Apesar da rotina, não somos os mesmos.
Não somos os mesmos de ontem e de outrora,
Não somos os mesmos de hoje,
E não seremos os mesmos de amanhã.

Todos os dias é necessário entrar na rotina da vida e ter coragem de quebrá-la para romper a monotonia existencial.
E fazer do que fazemos sempre algo novo, diferente de ontem, de hoje e de amanhã.
E isso nos constitui únicos,
Dá-nos a coragem para continuar sonhando todos os dias.

Ter coragem de enfrentar a vida,
Superar os medos adquiridos ao largo de nosso caminho,
Libertar-nos de correntes que nos prendem a um passado que nos paralisa e das memórias empoeiradas que nos sufocam.

Enfrentar as forças do desânimo que nos impedem de começar e abortam nossos sonhos e projetos,
Abrir-se ao Espírito, que encoraja nosso ser, dando-nos fortaleza, sabedoria e ciência para discernir os melhores caminhos a tomar.
Dar o salto temível, ousado e escuro da fé, mediante o mistério divino e de si mesmo.

Ter coragem de ter coragem.
Não temer os próprios medos.
Levar adiante a vida com espírito positivo.
Não desanimar, quando tudo parecer perdido e o horizonte for obscuro.

Ter a coragem de ter o medo prudencial,
Que não nos deixa saltar no abismo,
Mas nos faz agir com sabedoria
E libertar-nos das soluções fáceis e passageiras.

Ter a coragem de ser quem somos todos os dias...
Sem termos medo de nos aproximar Daquele que nos criou.

PARA MEDITAR:

Quais são seus medos?

De quais medos necessita libertar-se para ser mais feliz?

Jo 14,27.

Jo 16,33.

Rm 8,37-39.

8

VELA AO VENTO

Somos vela ao vento a singrar e a sangrar pelo mar da vida,
Rumo ao horizonte, onde parece descer o firmamento,
Empurrados pelo sopro do Espírito,
Em meio às águas turbulentas do mundo,
Até chegar à beira da praia.
E ali deixar pegadas existenciais, até que o mar as leve para a profundeza de seu mistério.

Vela ao vento que luta contra o vento.
Que corta as águas bravias,
Enfrenta os monstros marinhos,
Não tem medo da profundidade do abismo,
E, pacientemente, vai cumprindo sua missão.

Vela ao vento somos nós cada dia.
Guiados pela bússola da infinita vontade de viver,
Direcionados pelo leme da fé,
Pelas coordenadas do amor e da esperança,

Impulsionados pelos ventos do Espírito,
Para ancorar naquele que nos criou e amansou os mares,
Porto seguro para quem nele crê.

Vela ao vento em uma noite escura.
A lutar com sua pequena espada de luz
Contra os sopros dos gigantes das trevas que a querem aniquilar.
Com sua pequenez e bravura insistentes, desvela lampejos de claridade.
Para cumprir sua luminescência, consome a própria existência
Na pura gratuidade de doar luz.

Vela ao vento somos nós cada dia
Na imensidão do universo,
Com seus luminares e suas escuridões,
Com seus mitos e ritos,
Tentando resplandecer a luz,
Que vem da Luz da Luz
Para clarear os horizontes do Universo.

Vela ao vento somos nós,
Dentro de uma vela a navegar por horizontes de eternidade.
Sua pequena chama baila na proa e clareia a escuridão do mar,
Fazendo-se companheira solidária de viagem
A espantar o medo do sedutor e enganador canto das sereias,

Que nos faz desviar da beira da praia
E esquecer nossas pegadas existenciais.

Somos vela ao vento,
Que se faz luz para iluminar as trevas,
Embarcação segura nas tempestades do mar.
Somos vela ao vento,
Luz paciente que se dá sem pensar em si,
Tábua flutuante e de salvação a socorrer náufragos solitários no percurso da vida.

Somos uma vela dentro de uma vela ao vento,
Simplesmente uma vela ao vento...

PARA MEDITAR:

Mc 6,45-52.
Jo 12,35-36.
Mt 5,14-16.
Lc 11,33-36.
Jo 8,12.
Jo 12,35-36.

9

PERSEVERANÇA

Perseverar é persistir, insistir, não abandonar a meta.
É não desanimar diante das tempestades cotidianas,
É permanecer acreditando que um amanhã virá,
Para levar consigo aquilo que nos impede de sermos felizes
E nos dar oportunidade de continuarmos pacientemente o caminho.

A perseverança é uma força que nos faz renascer sempre das cinzas e nos instrui interiormente.
Coloca-nos em movimento em direção a um sonho que dá sentido e nos faz sentir.
Encoraja-nos e nos faz ousar sempre, mesmo quando o mundo nos diz "não".

Perseverar é fazer as mesmas coisas todos os dias e deixar-se encantar e maravilhar-se com a rotina da vida, fazendo-as sempre novas, sempre belas.
E na rotina que roda não se esmorecer e permanecer à beira do caminho, como ser errante que desistiu de caminhar.

Perseverança é lutar por um fio de vida que, aos poucos, se esvai.
Numa batalha hercúlea por um respiro que, mesmo diante do sofrimento mais hostil, acredita ainda valer a pena viver tamanha intensidade os últimos fragmentos da vida, com intensidade de morrer.

Perseverar não é estender-se no tempo de *Cronos*, numa sucessão de atos calculados que nos fazem cumprir apenas um ciclo.
É perseguir *Kairós* a correr diante de nós com seus cabelos longos ao vento, fazendo-nos correr até o horizonte sem sentir o cansaço do tempo.

Perseverança é virtude divina e humana.
Do divino que, mesmo conhecendo as desistências e as deficiências em nosso ser, continua a perseverar em seu eterno amor por nós.
É atributo humano que não desiste, mesmo quando o cansaço paralisa-lhe o ser, angustia a alma, pois há dentro de si algo que o impele.
Qualquer coisa maior que si mesmo, uma força que o anima, que lhe dá sentido naquilo que faz, dá-lhe a possibilidade de sempre recomeçar e perseverar, que lhe é divino, porque se revela no amor, ato sublime que nos nutre e nos embeleza e nos faz ser companheiros de quem caminha e persevera conosco.

Perseverar é não desistir de si...

PARA MEDITAR:

Você se considera perseverante?

Por que a perseverança é um elemento importante em nossa vida?

Em que situações de sua vida ser perseverante ajudou-lhe?

Rm 5,3-5.

Rm 15,1-5.

10

HORIZONTE

O que é a vida senão um descortinar horizontes?
Buscar cada dia uma nova visão do mundo e
Um constante descobrir de nós mesmos.

Assim são os horizontes...
Ver o tudo
E ver o nada...

Horizontes são metáforas de nós próprios em constante evolução.
São olhares que nos projetam para um sem-fim ainda que existam obstáculos das montanhas...
E não serão as montanhas a fazerem o horizonte se tornar mais amplo e contemplativo?

Ver horizontes é arte contemplativa,
Que se mistura com as montanhas e planícies da vida,
Misturando nascer e pôr do sol,
Nostalgia, saudade e esperança,
Formando um horizonte de tamanha beleza

A recordar-nos que somos horizontes de eternidade,
Cujas pontas não se tocam... até nossos olhos cansarem...
E no dia que as pontas se tocarem, aí seremos eternos
Naquele que nos criou.
Veremos com clareza nossos horizontes e nossos abismos
E as belezas que não fomos capazes de contemplar por nossa falta de visão.

Horizonte é capacidade de sonhar,
De ver o mundo além daquilo que ele é,
De ler a interioridade de alguém
E abrigá-lo em nosso coração para contemplar o horizonte de sua beleza e de seus mistérios.

Horizonte é não desanimar, é superar a rotina e a mesmidade do dia...
É a força que faz superar a montanha de desafios cotidianos
E nos faz olhar para nós mesmos e professar o credo existencial do viver,
A fé no ser humano, que é sempre horizonte
E que se arrisca na aventura de viver.

Horizonte é voltar às fundações do ser,
Para olhá-lo através de um outro olhar, com outras lentes,
Inclusive com os limites da própria visão,
Para ver o sem-fim sem horizonte,
Sem ter medo de ver o horizonte sem-fim...

PARA MEDITAR:

Que horizontes você necessita vislumbrar em sua vida?

11

PRECISA-SE DE...

Precisa-se de pessoas, homens e mulheres que possam colorir o mundo com cores de ternura,
Que sejam capazes de olhar no rosto do outro e se reconhecer nele,
De se solidarizarem com quem sofre a dor da indiferença, simplesmente por ser diferente.
Serem-lhe o samaritano que aproxima, olha, comove e cuida e lhe tira a dor latejante em sua existência.

Precisa-se de pessoas, homens e mulheres que mostrem horizontes de esperança,
Que sonhem acordados, sem perder a utopia de um novo amanhã, que se descortina,
Capaz de irromper a noite das incertezas,
Por meio do silêncio eloquente da sabedoria.
Simplesmente seres humanos que têm fé e acreditam na vida como dom e promessa,
Apostando na humanidade, que traz em sua essência as digitais inapagáveis do divino Criador.

Precisa-se de pessoas, homens e mulheres, capazes de sorrir para mostrar as cores da alma,
E iluminar os dias em que a dureza do mundo faz a humanidade sem graça, triste e com medo do outro.
Humanos com alma de anjos, que animam, entusiasmam e encorajam.
Heróis no anonimato do mundo,
Mas recordados no coração de Deus
Por espalharem o perfume do bem por onde caminham.

Precisa-se de pessoas, homens e mulheres, simplesmente humanos...

Humanos são homens e mulheres que vivem a cotidianidade como graça e fazem de cada dia bênção para si e para aqueles que lhes rodeiam.
São humanos, pois querem construir algo novo sem a arrogância de quem domina a terra; sim a partir da simplicidade e da beleza das flores.
São seres capazes de externarem o próprio coração, pois conhecem a profundidade mais abissal do amor.
São pessoas que vivem para dar beleza e sabor ao mundo.

Humanos são aqueles que lutam dignamente cada dia para ganhar o pão com o suor do rosto e calos nas mãos.
Constroem-se desde a ética da vida, que se transforma em sabedoria e os faz pensar o mundo para todos os seres viventes.

Não ceifam vidas alheias, ao contrário, repartem entre si mesmos o pouco que têm.

Precisa-se de homens e mulheres simplesmente que se construam humanamente e também vivam um único desejo: fazer o bem.
Então se tornarão eternos...

PARA MEDITAR:

Lc 10,25-37.
Mt 5,1-12.
Jo 10,1-18.

12

A FORMA MAIS BELA DE SER E DE EXISTIR

A mais bela forma de ser e de existir no mundo é amar.
Quem ama não é e não existe somente para si.
Dá-se, reparte-se, esvazia-se, corta-se na própria carne, não reserva nada para si.
E pela capacidade de amar continua a ser, ainda que não exista aos nossos olhos.
Foi assim com Jesus quando ressuscitou e subiu ao céu.
Também o é com as pessoas que fazem tão sublime experiência.

O amor é capaz de eternizar o momento.
Fazer o corriqueiro inesquecível,
O banal extraordinário, excepcional,
O humano assemelhar-se ao divino,
E o divino fazer-se humano.

Sem amor o mundo seria triste.
Apenas um lugar inabitável e sombrio,

Sem sorrisos e sem entregas,
Reinando a soberania do mal.
É o amor que nos faz acreditar no humano,
Mesmo quando ele não é capaz de amar:
De fazer o outro não ser e não existir.

O amor é essência do divino Criador,
Que não se conteve e criou cada detalhe do Universo gerado no princípio do amor.
Tudo passou a ser e a existir com amor,
Como essência poderosa que contagia o mundo.

O amor não engana, não explora, não mata o outro por meio da indiferença e do silêncio.
Em sua simplicidade é príncipe.
Em seu silêncio é palavra.
Em sua fragilidade e pobreza é força.
Na dor, remédio.
Quando tudo parece ser o fim, recomeço.

Amar é a mais bela forma de ser e de existir no mundo...

PARA MEDITAR:

Em que momentos de sua vida você mais se sentiu amado(a)? E como experimenta essa realidade em sua vida?

Como você experimenta o amor de Deus permear sua existência?

1Cor 13,1-13.

Jo 13,34-35.

1Jo 4,6-21.

13

VIVER COM AMOR E HUMOR

A brevidade da vida nos faz pensar no essencial das coisas...

Passar a curta existência somente se lamentando é colocar sobre nós próprios cargas desnecessárias.

Há quem tudo possui para viver feliz e se lamenta.

Há outros que sofrem profundamente e levam a vida com leveza, apesar das dores e da dureza da vida, são pessoas que vivem com amor e humor.

Eis um caminho de sabedoria.

O humor são carícias do Espírito na alma humana.
O amor é aquilo que nos assemelha ao divino.
O humor faz rir e cura.
O amor encoraja e salva.
O humor nos faz rir de nós mesmos.
O amor nos tira de nós mesmos para o outro.
O humor transforma o drama e a tragédia em comédia.
O amor, a vida numa epopeia.
O humor é resistência ao horror.
O amor é não impor ao outro a dor.

O humor transforma a realidade em graça.
O amor, a vida na graça.
O humor nos faz lúdico diante de nosso húmus.
O amor faz-nos sentir a própria carne.
O humor nos faz flexíveis.
O amor nos torna responsáveis.
O humor vê a luz no fim do túnel.
O amor nos faz tomar pela mão e levar junto quem se encontra no escuro.
O humor irrompe a história.
O amor conserva na memória.

Assim, em nossa breve existência, podemos tornar a vida mais leve,
Deixar nossos palhaços interiores provocar em nós risos e nos fazer rir de nós mesmos,
Sem nos preocuparmos com nossa nudez ou estupidez.
Menos estúpidos e insensíveis, seremos mais humanos.
E quem é profundamente humano ama,
Pois somente o humano possui humor e amor...

PARA MEDITAR:

De que forma você conduz sua vida? Com humor e amor? Ou ao contrário?

Que decisões necessita tomar para tornar sua vida mais leve?

14

NÃO DESANIMAR DIANTE DA VIDA

Não desanimar.
Não encarar a vida simplesmente como uma breve passagem de um tempo,
Ainda que existam percalços e obstáculos a superar,
Sofrimentos a serem confrontados,
Feridas a serem curadas,
Mágoas a serem perdoadas e a superar,
não desanimar diante da vida.

Há dias que tudo parece uma conspiração cósmica.
Nenhum sonho realizado.
Tudo parece caminhar ao contrário do que planejamos.
Há dias que gostaríamos de esquecê-los,
Pois tudo parece dar errado e nos sufocar.
Mas são dias de aprendizado,
Que nos fazem tocar a concretude de nosso existir.
Há dias que parece que experimentamos o abandono divino.

Clamamos, gritamos e Ele está em silêncio.
Tais dias são para mergulharmos na profundidade de nossa fé!
E, diante de tudo, não desanimar diante da vida.

Na sinfonia do Universo, somos instrumentos musicais nas mãos do divino Criador.
Cada um tem seu tom,
Sua musicalidade,
Sua beleza única,
Seu canto e seu encanto,
Sua mística,
Sua fragilidade.
Juntos, formam a obra musical do divino maestro.
Por causa dessa beleza, não desanimar diante da vida.

Não há existência sem dor.
E não há dor que não possa ser ressignificada.
Quantas dores deram novo significado a nossa vida?
Quantos momentos difíceis superados?
Quantos samaritanos encontrados!
E, apesar da imensidão do túnel escuro,
Há sempre uma fresta de luz
E a perseverança em procurar e ver esse lampejo de luz.
Não desanimar diante da vida!

Diante da vida não desanimar!
Alçar voos para atingir céus de esperança.
Subir montanhas para ver horizontes de beleza e esplendor.
Perder-se nos labirintos de sonhos para sonhar.

Encontrar pessoas para amar.
Sair a passear consigo mesmo no jardim da existência, para sentir o perfume da vida.
Chamar nossa própria criança interna, inocente, para brincar, recuperando a leveza do existir.
Por tudo isso e pelas surpresas da vida, que nos foi doada, não desistir de viver...

Viver vale a pena!

PARA MEDITAR:

Quais dores em sua vida foram ressignificadas?
Que dores deram novo significado a sua vida?
Quantos e quais samaritanos você encontrou ao longo do caminho?
Como experimentou Deus nesse período?
Como superou esses momentos difíceis?

15

COMEÇAR DE NOVO

Recomeçar...
No coração a esperança de realizar o melhor.
Na mente bons pensamentos que miram o futuro.
No olhar o brilho contemplativo que vislumbra horizontes
e nas palavras os bons desejos.

Começar de novo requer fé,
Coragem de rever atitudes,
Ousadia para inovar-se,
Paciência para compreender a si mesmo e as próprias transformações,
Construir, dos pequenos fragmentos do existir, o mosaico do ser,
Consciência de que viver é recomeçar ousadamente todos os dias
E oração para nutrir a mudança.

Quem não recomeça sempre mata a própria alma!
Despreza o Espírito, que cria coisas sempre novas,

Esquece-se de que é ser em evolução,
Fecha-se em si próprio, pois não é capaz de arriscar-se
e compartilhar o aprendizado com seu semelhante.

Recomeçar é reaprender todos os dias sem se cansar!
É romper as pedras dos próprios túmulos existenciais,
Para experimentar as microrressurreições cotidianas
que operam o milagre da vida,
Do nascer ao pôr do sol,
No ciclo do tempo,
Sem ser seu escravo,
Mas nele continuar a escrever a história do que
somos,
Com as tintas produzidas pelo suor e pelo sangue,
Em folhas da própria pele,
Que a borracha do tempo não pode apagar.

Recomeçar é viver...
É sempre renascer das cinzas
Com a fragilidade e a ternura de um recém-nascido,
E com a sabedoria do sábio profeta que compreende
cada tempo,
cada recomeço,
cada tropeço,
e, com força de gigante, levantar-se sem lamentos
colocando-se a caminho sem desistir de si mesmo,
Com estupenda alegria de sempre recomeçar...
A partir do hoje...

PARA MEDITAR:

Como superar os momentos de dificuldades na vida e se reerguer recomeçando uma nova história a partir do caminho já feito?

Que atitudes são necessárias para recomeçar?

Jo 3,1-10.

16

MUDAR DE VIDA

Senhor, há dentro de mim um desejo enorme de mudar de vida!
Porém minhas forças não são suficientes,
sempre faço meus propósitos,
começo e recomeço e sempre volto ao ponto zero...
Quero ser um ser renovado,
E esbarro em meus limites pessoais, em meus vícios,
em minhas inconsistências, em coisas sedimentadas
em minha história, em minha falta de conversão.

Quero ser melhor...
Seguirei tentando até o final de minha existência,
Dia que serei renovado em ti, apesar de minhas fragilidades.
Continuarei a começar e a recomeçar tal como Sísifo,
rolando sua pedra todos os dias...

Assim é nossa vida, sempre marcada por começos e recomeços
Sempre aberta a inúmeras possibilidades
E sempre dinâmica em seu ciclo.
Contigo, Senhor, sempre vou começar e recomeçar...

Pois sei que sempre me quer dando meu melhor,
ainda que sempre serei seu filho pródigo.

Quero renovar-me, não ser este ser humano velho,
Sempre a cair e a recomeçar.
Cair e recomeçar faz parte da vida, assim começamos
quando crianças, dando nossos primeiros passos.
E, simplesmente por insistir em recomeçar, nós nos
livramos do medo de caminhar e de fazer estrada,
talvez sem saber aonde íamos chegar...

Sinto que caminhas comigo,
Sem me condenar por nada.
Queres somente que caminhe contigo,
Mesmo que eu não conheça tuas veredas
E tenha de começar e recomeçar
Para compreender que a cada começo e recomeço
Mudo minha vida e sempre estou mais perto de ti,
Para começar e recomeçar...

PARA MEDITAR:

Sl 22 (23).
Mt 9,16-22.
Lc 15,11-32.
Ef 1,7.
Col 3,9-11.
Ef 4,22-23.
1Cor 5,7.

17

QUE EU VEJA

Senhor, dá-me um novo olhar para superar minhas cegueiras de modo que eu veja tua luz!
Há tantas coisas que ofuscam minha visão a impedir-me de enxergar o essencial da vida.
Necessito enxergar as diferentes cores do mundo,
Libertando-me das visões turvas, escuras e monocromáticas.

"Jesus, Filho de Davi, tem piedade de mim"! (Mc 10,47)
Que eu veja com novo olhar,
Olhar de ternura,
Olhar de benevolência,
Olhar de compaixão,
Olhar de profundo amor,
Olhar da atenção a tua palavra e a teu olhar que um dia me fitaste e me amaste (Mc 10,21).
Ajuda-me, Senhor, a livrar-me do olhar que despreza e aniquila,
Do olhar do preconceito,

Do olhar incapaz de ver a necessidade do próximo,
Do olhar da indiferença que não vê o irmão.

Dá-me, Senhor, um olhar capaz de ler a realidade a partir de dentro, libertando-me da superficialidade das coisas.
Um olhar que tenha foco e possa ver nos emaranhados labirintos cotidianos, ao menos, trilhas de esperança.

Que eu possa ver e superar as cegueiras de nascença da própria condição finita, a partir de teus olhos.
E, por meio de teus olhos, guiar a quem não enxerga para que não caia no abismo e, assim, continuar, mesmo em passos lentos, seu caminho seguro.

Que eu veja, Senhor, para além do horizonte de minha fé; enxergue com meu coração o oásis de amor; entreveja a esperança, quando a poeira do mundo cegar e fazer doer a visão.

Que eu veja, Senhor, tua luz!
Nela, com clarividência, os diferentes rostos a meu lado, para que não sejam para mim apenas sombras ou figuras sem rostos.
E nesses rostos encontrar meu rosto.

PARA MEDITAR:

Mt 9,27-31.
Mc 8,22-26.
Mc 10,46-52.
Lc 6,39.
Lc 18,35-43.
Mt 20,29-34.
Jo 9,1-41.

Qual é seu olhar sobre as pessoas e sobre o mundo? De que cegueiras necessita se libertar?

18

SUPERAÇÃO

Fazer o hoje melhor que o ontem.
O hoje, vivê-lo com tanta intensidade como se fosse o último dia sobre a terra.
O amanhã, torná-lo melhor do que o anteontem, o ontem e o hoje.
E, no marchar do tempo, aprender a ser melhor,
Superar-se a cada dia para se humanizar sem medo de se tornar frágil ou abrir mão de certas ideias.

Superar as realidades vividas, tomar consciência delas.
Querer mudar.
Assumir a arte ascética para discernir e encontrar o melhor caminho para fazê-lo.
Acreditar na artesania do Espírito, que é sempre movimento em si, agente de transformação.
Por fim, lançar-se sem medo, num ato de fé, como a mariposa, que, loucamente, arrisca-se, vai em direção à luz, superando-se a si mesma a tal ponto de entrar na própria luz, virar cinzas.
E, apesar das cinzas, somente ela experimentou a luz.

Superar as dores físicas, espirituais e morais.
Os preconceitos que ferem e matam o semelhante.
O ódio que embrutece os corações e provoca a guerra.
A vitimização diante da vida que nos infantiliza e nos faz imaturos.
O amargor diante da vida, inserindo-lhe pitadas de doçura para torná-la saborosa.
A fé mercantil vazia de espiritualidade e de mística que usa a fé de pessoas de boa vontade para se autopromover.
O modo de fazer as mesmas coisas, dando espaço à criatividade, que inova.
A falta de tempo de se escutar para dialogar com as vozes que clamam por atenção em nosso interior.
Superar, a partir do ordinário, passo a passo, como o sábio que contempla o mundo, buscando ser apenas um pouco melhor cada dia...

Superar:
Ultrapassar barreiras,
Vencer as dificuldades,
Conquistar novos espaços,
Solucionar com paciência e maestria os problemas da vida.
Livrar-se daquilo que atinge a própria estima,
Afastar-se da negação do próprio eu,
Remover do coração as mágoas que nos fazem sempre retroceder,
Desfazer as barreiras de arame farpado que cercam nossas fronteiras e machucam nossos pés e nossas mãos quando vamos ao encontro de outros.

Galgar as montanhas íngremes para contemplar o próprio horizonte transcendental da superação.

PARA MEDITAR:

Que superações você já realizou em sua vida? Reflita sobre elas e faça um agradecimento.

Quais superações necessita concretizar?

Lc 19,1-10.

19

SUPERAR A DOR

O que é a dor, senão algo que nos faz tomar consciência de nós mesmos?
Consciência da dor física,
do passado não reconciliado e sem perdão,
de não atrever a amar,
da perda de quem se ama,
daquela moral que vilipendia o caráter,
daquela do arrependimento por não ter tido a coragem de arriscar por não ter fé na vida,
E por aquela causada pelas pedras do caminho da vida.

A dor purifica-nos e nos confronta.
Coloca-nos diante de nosso ser dolente,
Que chora lágrimas existenciais
A irrigar os jardins, onde latejam a dor a ecoar vida,
E fazem desabrochar as espinhosas e lindas flores da superação,
Com tamanha capacidade de se refazer, como Fênix das cinzas,

E superar a própria dor, a partir dos pequenos
milagres do cotidiano.

Há as dores existenciais anestesiadas
Pelo medo de ouvir nossas vozes interiores.
Pelo temor de conhecermos, de fato, quem somos.
Pelo autoengano de que bastamos a nós mesmos.
Por não nos deixar ter e sentir dor.
Por nos impedir de sentir a dor da compaixão, que
nos faz curvar diante de quem sente muita dor.

É na experiência da dor que nossas máscaras caem
E defrontamos com nosso próprio rosto, com nossa
própria nudez,
Que nos faz tocar nossa condição original
E nos curar desde o mistério de nosso ser e existir.

Superar a dor é conviver com ela
Sem se lamentar e se fazer vítima da vida
E do conformismo que "Deus quis assim..."
É buscar a arte de se curar
Pela homeopatia da paciência,
Pelo remédio da esperança,
Pelo bálsamo da alegria,
Pelas gotas de entusiasmo,
Pelo lenitivo do perdão,
Injetando fé na vida
E alimentando-nos da bondade do Deus, que nos
criou.

Desse modo, vamos transcorrendo nossos dias.
E, na sucessão de pequenos milagres da vida, vamos curando nossas dores,
Até o dia em que superaremos, em Deus, toda a dor.

PARA MEDITAR:

Como você superou a dor de suas perdas significativas?

De que maneira, a partir das próprias experiências, você pode ajudar seu semelhante a lidar com essas realidades?

20

O QUE NOS CURA

O que nos pode curar?
Nem sempre estamos fragilizados fisicamente por uma doença.
No entanto, carregamos enfermidades que nós próprios vamos desenvolvendo ao longo do tempo.

Necessitamos nos curar, para viver a vida com alegria...
Da mentalidade curta e preconceituosa que, muitas vezes, julgamos os outros,
Da cegueira que não nos deixa enxergar os valores positivos de quem está a nosso redor,
Da surdez que não nos permite escutar nossas vozes interiores e aquelas que nos clamam por ajuda,
Da mudez que não nos faz pronunciar palavras de ânimo e de esperança e dos silêncios indiferentes que matam,
Da falta de olfato de sentir o perfume da beleza da vida que se manifesta nos jardins do Criador,
Das paralisias que nos impedem de trilhar novos caminhos e nos deixam atados a nosso pequeno

mundo sem irmos ao encontro dos demais,
De nossas mãos secas que não permitem carícias, gestos de amor e serem sustento a quem está caído,
Do coração esclerosado, que, incapaz de amar e de perdoar, alimenta mágoas que persistem até o último adeus,
Do amargor que não nos deixa perceber a doçura dos pequenos gestos de amor e de bondade e nos fazem baluartes da murmuração,
Da esterilidade que ameaça nossa existência, quando não somos fecundos pelo amor.

Necessitamos todos de cura...
Quem afirma ao contrário é porque está com sua sanidade existencial comprometida.
Curar e ser curado faz parte do humano,
Pois curar é gesto de cuidar do outro,
Porque usa o bálsamo do amor,
O óleo da ternura
E as essências do querer bem.

Curar é gesto divino.
Aproxima-nos do Mestre, que curou todas as enfermidades físicas e existenciais.
Curou as pessoas contaminadas pelo fundamentalismo farisaico,
pela religião da pureza que distanciava os pequenos de Deus,
pelos rituais vazios e hipócritas que tornavam as pessoas doentes e impuras...
pela enfermidade de se sentir o maior, o mais santo e

o melhor dentre todos.
Curar, gesto humano e divino...

Curar e se curar...
O que nos cura é começar a perceber os pequenos milagres do cotidiano,
A própria existência como dádiva divina,
As dificuldades da vida como lições e fortalecimento diante dos sofrimentos,
Não perder a fé no humano e no divino,
Exprimir a alegria no olhar a quem encontramos,
Abrir os ouvidos para serem capazes de escutar o próprio coração e o coração alheio,
Sorrir mesmo nas adversidades e ser capaz de abrir a boca para proferir palavras de encorajamento a quem está triste,
Ter um coração generoso e alegre e mãos abertas para dar e receber,
Braços longos para o abraço que acolhe e aconchega,
E pés que são capazes de suportar as feridas do caminho da existência e para corrermos ao encontro de quem amamos.

Isso é o que nos cura...
Potencializar nossa capacidade de sermos humanos e de amar,
Ter a capacidade de dar saltos de fé em meio ao escuro,
a ousadia de sempre querer começar,
E nunca se esquecer de que para salvar-se necessita curar e ser curado.

Certamente, assim, melhoramos também nossa saúde física com tantos remédios que estão dentro de nós mesmos e que, muitas vezes, não descobrimos...

PARA MEDITAR:

Lc 5,12-26.
Lc 6,6-19.
Mt 9,1-38.

21

NOSSA DESUMANIDADE

Vivemos um tempo cheio de convulsões.
Em suas entranhas, dores e possibilidades nascidas, abortadas e desprezadas.
Diante de nós, a incerteza do que será o amanhã, transformado em certeza pelo ato de fé e pela paciente esperança que nos faz sonhar que o amanhã e o futuro serão melhores, se humanizarmos nossas relações, nosso modo de viver.

Deus nos criou humanos.
Potencializou-nos para fazermos o bem,
Sermos sua imagem e semelhança.
Talvez nós, sua obra preciosa, estamos nos desfigurando.
Perdidos no tempo e em nossas escolhas,
Esquecendo-nos de nosso próprio rosto.

Perder a imagem do próprio rosto é desumanizar-se.
É estar diante de um espelho opaco, embaçado, sem reflexo do ser de si e da possibilidade de refletir o outro.

É no rosto que o humano revela o mistério.
Por ele, reconhecemos o outro.
Por ele, negamos.
Por ele, desumanizamos.
O rosto é a expressão de nosso agir.
É manifestação do que existe dentro de nós: beleza, contradição, uma mistura fina de bondade e maldade,
Que se manifesta no olhar.

Ah, o olhar... ele toca o fundo de nossa alma e nos faz entrar na alma de alguém.
Quem ama olha com ternura, sem preconceitos, julgamentos e pecados.
Quem ama humaniza por meio do rosto.
Acolhe e protege com o corpo e com o olhar.

Nas dores de parto da história parece nascer um humano deformado,
Que apresenta sinais de se desumanizar a cada dia, deslembrando o próprio rosto e o rosto do outro.
E, assim, nasce a desumanidade.

No reino da desumanidade predomina o que oprime e mata.
A guerra, sem piedade, que faz gritar os inocentes e desfigura seus rostos e mutilam seus corpos.
Os fundamentalismos que desumanizam e descompõe o rosto da sabedoria que dialoga com o diferente.
A pobreza que modela rostos tristes e chorosos decorrentes de faces que têm em seu olhar a indiferença.

A descrença no humano, que pode ser objetificado,
descartado, desprezado, animalizado.
No reinado da desumanidade, nega-se o divino
presente no humano
E toda a criação torna-se propriedade privada do
homem sem rosto que a desfigura.

E no rosto angustiado da história,
Há sempre um olhar e um rosto samaritano
Que acredita nos caídos e reconstitui o rosto de quem
sofre.
A resgatar nossa humanidade ainda maior do que a
triste e caótica desumanidade.

PARA MEDITAR:

Sl 8.

Como podemos nos humanizar, a partir do cotidiano de nossa vida?

O que posso fazer para contribuir concretamente com a construção de uma sociedade melhor?

22

EXISTIR EXISTINDO

Há dias em que tudo parece nublado e escuro,
E a dor da existência é insuportável,
Alimentada por um silêncio que corrói
E nos vai matando, aos poucos, sem nenhuma explicação,
Sem nenhum adeus...
Em meio à absurdidade do caos e da frieza, sem dar-nos uma resposta...

O que fazer, apesar da dor?
Igualar-se ao indiferente? Não é o caminho, pois agir em relação ao outro com indiferença e desprezo é ir carcomendo-se interiormente.
Isso adoece a alma e
Embrutece o espírito.

O caminho é existir existindo, mesmo com dor lancinante de um abandono.
E descobrir existir existindo fagulhas de alegria que aquecem a alma e são lenitivos para as feridas do abandono.

E por alegrar, suportar e esquecer o mal.
Apenas esperar pacientemente uma palavra que constrói, um desculpar-se sincero que renovará tudo, sem nenhuma explicação,
Só para dizer a Deus
Que a vida é assim:
Acaso e ocaso,
Descaso,
Surpresa e mistério,
Espera esperançosa,
Existência peregrina,
Que desemboca em um adeus em Deus,
Consolação existencial
Da itinerante condição humana errante,
Peregrina rumo à eternidade.

PARA MEDITAR:

Sl 102,1-2.
Ecl 3,9-15.
Pr 2,1-15.20-22.

23

DESPEDINDO-SE DA VIDA

E a chama vai se apagando...
Com um silêncio mortal, sem nenhuma causa, sem nenhuma explicação,
sem nenhuma chance, que só aumenta a dor e a distância que, lentamente, vai tirando o sopro vital e, assim, aos poucos, a morrer como única forma de se libertar da profunda dor.

Não há nada a fazer diante de tal silêncio.
Buscar uma resposta?
A resposta será sempre um silêncio mortal e, quiçá, indiferente,
Diante de tanto mistério...

Desse modo, vamos morrendo, gradualmente, cada dia,
A despedir-nos da vida, porque é assim seu mistério,
Que só entenderemos no profundo silêncio...
Daquilo que nos silencia,
Faz-nos chorar,
Mesmo sem a culpa original.

E assim vamos nos despedindo...
Para um dia entender tudo: passado, presente e futuro,
Em que erramos sem intenção e não fomos compreendidos
À luz da ressurreição,
Sem a culpa original.

PARA MEDITAR...

24

MEMÓRIAS DE PARTE DE MIM QUE PARTE

Sinto uma parte de mim indo embora...
Lacônica,
Sem resposta,
Indiferente,
Silenciosa,
Dolorosa.
Pouco a pouco tudo vai se apagando,
Ficam apenas as memórias...
Tão vivas.
Tão cálidas.
Tão alegres.
Tão intensas.
Tão esperançosas.
Tão ingênuas.
Tão puras e inocentes.
Tão divinas.
Tão humanas.
Tão enigmáticas.

E tudo vai se distanciando de meu ser...
Resta uma saudade,
Um desejo de presença
Que não se pode esperar mais.
Todavia, resta a espera esperançosa...
Esperar...
Até que tudo passe...
E não haja mais dor.
Pois todas as memórias partiram e se repartiram...

PARA MEDITAR:

–Quais são as memórias de parte de você que partem?

–Como integrar em nosso existir nossa finitude, refletindo sobre o mistério da vida, como elemento para nossa própria humanização?

25

FRAGMENTOS

A cada dia a vida nos leva um fragmento de nós mesmos.
Vagarosamente, vamos nos desaparecendo como vela ao vento,
Que vai cumprindo sua missão: queimar para iluminar...

Os fragmentos que se vão são memórias do vivido,
Do alegre com sua intensidade,
Do sofrimento com suas paixões,
Das escolhas feitas, não feitas, malfeitas, desfeitas,
Do amor vivido com intensidade com todo o ser,
Da experiência da gratuidade,
mesmo quando não reconhecida, desprezada e machucada.

Os fragmentos do vivido são grãos de areia da orla do misterioso oceano da vida...
Os que restam são mosaicos a serem construídos com beleza única, indelével.

São de tamanha beleza única que só são contemplados uma única vez, pois a fugacidade da vida os leva.
São de beleza eterna, pois encerram em si a memória dos fragmentos do passado e a obra de arte a ser construída agora e sempre.

Fragmentos são constituídos de silêncio e de memória.
Fragmentos de nós são cimentos da existência,
Que nos constroem e nos projetam para horizontes inimagináveis.
São pequenas partes de nosso ser que nos permitem repartir e reconstruir a cada dia.
São essência e existência.
São preces sem palavras.
Fragmentos... somos nós diante do mistério da existência.
Fragmentos... somos nós diante do mistério de nós mesmos.
Fragmentos... somos nós diante do mistério divino.
Recorda que somos apenas fragmentos no profundo mistério da vida.
E a cada dia nos despedimos rumo à eternidade,
Para transformarmos em um lindo mosaico,
Tecidos de nossos fragmentos pelas mãos do divino Criador, para sermos de beleza eterna.

PARA MEDITAR:

De que modo você constrói seu mosaico a partir dos fragmentos cotidianos dando-lhe beleza eterna?

Is 64,7.

26

A ARTE DE ENVELHECER

Os dias passam despercebidos.
O corpo se desgasta silenciosamente
Com seus movimentos lentos e invisíveis.
O olhar de pôr do sol contempla o horizonte.
O pensamento nostálgico recorda o passado com suas histórias, saudosas memórias e imensa vontade de voltar no tempo para reviver aquilo que ficou marcado com vestígios de eternidade e com a companhia da sabedoria.

Perder-se nos próprios passos e ter a paciência de domá-los, sem culpá-los, porque já não são mais os mesmos a correrem pelas estradas da vida, é o convite da sabedoria. Apenas esperá-los para que, vagarosamente, tomem seu ritmo marcado pelo relógio do tempo. E, quem sabe, reaprender os primeiros passos sem nenhuma culpa...

Não se desesperar pelas forças que se vão. Como uma chama a lutar contra as forças do vento, elas vão se apagando cálidas e fragilmente. De grande Golias vamos nos transformando em pequenos Davis, mas que podem, com engenho e serenidade, fazer tantas coisas que jamais havíamos conseguido, quando éramos plenos de força e de energia.

Não ter a vergonha de afrontar o espelho, que nos diz a verdade de nossas aparências que não queremos encarar.
Mas os espelhos dizem apenas uma parte da verdade, uma verdade invertida, que podemos ver em seus reflexos o rosto do vivido.
Afrontar-se com as rugas no rosto semelhante ao chão rachado pelo calor sem se assustar, e ver que, naquele chão, ora rachado, existe subterraneamente um jardim que floriu e ainda continua a florir.
Contemplar o rosto concreto, sem a maquiagem, que talvez escondeu a fertilidade do solo de nosso rosto, capaz de produzir, ao longo da vida, tantas flores para enfeitar o mundo.

E, quando a memória nos trai, recordar-nos das memórias agradecidas do vivido com intensidade e de quem nos amou e de quem amamos e levaremos para sempre marcados em nosso corpo, mesmo quando, talvez, seremos só silêncio, só olhar, só estáticos, tão dependentes, tão vulneráveis.

E, mesmo se o olhar de pôr do sol não nos permite enxergar o infinito, possibilita-nos contemplar o horizonte que ainda não havíamos observado e encontrar nele tanta beleza. Podemos aprender que se o olhar físico já não se perde no além, podemos enxergar com olhos interiores e nos adentrar, após tantas miradas ao longo da existência, em nosso ser e apreciar, com novos olhos, nosso profundo mistério.

Se não nos é concedido mais escutar os ruídos deste mundo com suas sinfonias, é possível aprender a escutar a sinfonia do próprio coração, com suas diferentes músicas que marcaram o compasso das diferentes fases de nossa existência.
Escutar o próprio silêncio e as vozes que ainda gritam dentro de nós e que precisam ser harmonizadas, para que possamos escutar melhor nosso ser, mesmo sem escutar o mundo exterior.

E na impossibilidade de não mais sentir o cheiro e o sabor das coisas, apreciá-las com o sabor do vivido, com seus sabores amargos, doces, picantes e insossos, sem deixar que o amargo tome conta e se sobreponha à doçura da existência.

E assim, cada dia, vamos avançando no tempo...
E nos despedindo do ontem e do hoje,
De nós mesmos.
Vamos nos espalhando, dando um pouquinho de nós a todos, semeando-nos, multiplicando-nos, deixando nossas pegadas no tempo com tanta leveza e até nos esquecendo que existimos.

E quando o peso do tempo nos confrontar,
Termos a serenidade e o olhar de sábio e a coragem e a ousadia de tomar nas próprias mãos a própria fragilidade.
E com um sorriso nos lábios, talvez ressecados pelo tempo, beijar a oportunidade dada de existir e, serenamente, saber-se despedir...

PARA MEDITAR:

Como você cultiva a arte de envelhecer com beleza e serenidade?

Ecl 12,1-8.
Sb 39,1-21.

27

MEMÓRIA AGRADECIDA

Abrir os olhos e ver o novo dia que se descortina com toda a Criação a se espreguiçar com a chuva a banhar seu vistoso corpo, com os movimentos de pessoas apressadas, com suas alegrias e suas dores, com suas histórias únicas a lutar por mais um dia de vida.

Somos um mosaico existencial,
Composto de histórias e memórias tatuadas em nosso ser e em nosso corpo.
Memórias de nossos antepassados,
De quem aprendemos a dar os primeiros passos e, pouco a pouco, vamos vendo-os diminuir o ritmo de seus passos.
De quem conhecemos e amamos e agora contempla a eternidade,
De quem caminha conosco, porque nos ama
De quem constitui nossa alma gêmea, nas alegrias e nas tristezas e levamos para onde quer que seja,
De quem passa como tempestade em nossa vida e deixa somente escombros e feridas.

De fragmentos de percepção do Cosmo,
De profissão de fé, de dúvida, de negação e devoção,
De revoltas e memórias agradecidas.
Somos um mosaico existencial de recordações que nos passam pelo coração ao longo do tempo...

Somos luta e suor.
Festa e choro.
Morte e vida.
Humanos com centelha divina,
Coerência e ambivalência,
Incrível, dizível, indizível, imprevisível e risível,
Revelação e mistério.
E assim somos nós, metáforas sinfônicas no concerto da vida,
Que embelezam o poema que nos faz uma obra de arte,
Escrito em forma de um mosaico de beleza única e reluzente,
Que, pacientemente, vai sendo construído ao longo da vida para ser contemplado na eternidade.

Somos seres itinerantes e pascais.
Tenda errante que abriga o Espírito,
Que nos dá a sabedoria contemplativa,
paciência impaciente que espera e renova,
e nos faz adentrar em nossos próprios porões escuros, esquecidos, empoeirados, cheios de pequenas bestas que nos picam e nos fazem adoecer.
E lá, no mais profundo com seu sopro divino, faz reluzir nossos baús de joias preciosas, marcadas por memórias agradecidas:

Por tantos dons recebidos,
Por reconciliarmos com nosso passado, com suas dores e seus traumas,
Pela oportunidade de experimentar mais um dia gratuitamente.
Pela oportunidade de não ser mais o ser de ontem, de ser o ser de hoje e um vir a ser que nos fazem ser um único e complexo ser.

Somos um mosaico cintilante de memórias...
Somos poema sendo escrito em pergaminhos,
No livro da história,
No sonho de Deus...

PARA MEDITAR:

Sl 145.
Sl 146 (147).
Lc 10,21.

28

SABER AGRADECER

Quem não tem uma memória agradecida usurpa do outro para seus próprios interesses.
Não se doa,
É fechado em si mesmo,
Insensível,
Incapaz de reconhecer o bem recebido, de perceber a singeleza dos pequenos gestos no cotidiano, pois perdeu a memória do coração, do próprio caráter e do amor.
Não ama, porque só há interesses que lhe ofuscam os olhos e faz brilhar o próprio narcisismo.
E, desde essa perversa lógica, lida com o outro.

Reconhecer o outro é amor, é dádiva.
É memória agradecida por ele existir em nossa vida.
É contemplação de um dom!
Reconhecimento de uma presença significativa.

Saber agradecer as pequenas coisas do cotidiano,
Os pequenos gestos puros que tocam o coração,

As palavras que exortam a seguir adiante, mesmo quando o desejo é permanecer onde está ou desistir, Saber agradecer é se reconhecer extremamente pobre perante a vida, por isso talvez seja atitude tão difícil. Saber agradecer não é cumprir meros protocolos formais, é responder ao protocolo do coração. Vai além de um muito obrigado!

Saber agradecer:
Mostrar gratidão,
Reconhecer profundamente,
Retribuir com carinho,
Corresponder com liberdade,
Recompensar sem interesse,
Sem ser obrigado a fazê-lo, simplesmente porque se tem memória agradecida,
Sensível aos pequenos gestos e com tamanha simplicidade, simplesmente, agradece!

PARA MEDITAR:

Olhando para sua vida, você sabe agradecer a Deus tudo o que ele realiza em seu favor? Sabe agradecer as pessoas? Como você se sente quando alguém lhe agradece sinceramente?

29

SER GENTIL

Gentileza é a delicadeza de uma alma
Que possui extrema sensibilidade e sutileza,
Capaz de nos fazer gente e fazer o outro sentir-se e ser tratado como gente, pessoa.
A gentileza se manifesta na simplicidade dos pequenos gestos e sinais.
A pessoa gentil é habilidosa em tocar a alma de alguém.
Quem é gentil possui uma memória agradecida,
É capaz de se compartilhar com os demais sem perder sua individualidade,
Sem perder a própria identidade.
Faz-se companheiro alguém que come do mesmo pão.

Gentileza não ocupa espaço, é tão sutil...
Manifesta-se no olhar, no sorriso,
Na preocupação do querer bem,
No desejo de ver o outro feliz,
Em servir sem interesse,
Em fazer o melhor de si para ajudar alguém.

A gentileza é decorrente de uma mística da/de vida.
Tão sutil quanto a brisa de primavera,
Tão perfumada como o perfume das flores,
Tão simples e bela como os lírios do campo,
Tão essencial quanto o ar que se respira,
E tão vital quanto o pulsar do coração.

Ser gentil é ser capaz de ungir a existência de outrem,
Com uma pequena gota de essência que lhe perfuma a vida.
É colorir mundos cinzentos e sem sentido,
Tocar delicadamente a alma de alguém.
É sempre se libertar das próprias presunções,
De tudo aquilo que não nos faz ser gente...

PARA REFLETIR:

Você é gentil? O que é gentileza para você? Em que ela ajuda sua própria vida e a do próximo?

Mt 26,6-13.
Mc 12,41-44.
Lc 7,36-50.
Lc 21,1-4.
Jo 12,1-8.

30

O TEMPO DE DEUS

O dia vai dando seu adeus
Para que venha o amanhã
Com suas surpresas, suas presas e suas pressas...
Descobrindo-nos em papiros de passados,
Tomando consciência do ser nos fragmentos do presente, que se torna ausente,
E nos faz abrir o livro da esperança para escrever o futuro.

E, assim, lidamos com o tempo...
Este ser invisível que, aos poucos, nos constrói e nos corrói,
Deixa suas marcas indeléveis em nosso corpo,
Enche nossa alma de lembranças e de saudades
E de memórias que nos machucam e nos perdoam.
Somos seres situados e inundados no tempo.
Nele, somos livres ou escravos,
Sábios ou loucos,
Existência, inexistência, permanência.

E, desta maneira, somos nós, preocupados com o tempo,
O tempo que nos faz sem tempo,

Afasta-nos do encontro,
Do olhar eterno sem tempo de terminar
E sempre correndo contra o tempo...

Há um tempo para o tempo!
O tempo sem tempo, eternidade.
É tempo divino que nos resgata em nosso tempo.
Que nos faz livres, sem marcas em nossos corpos frágeis,
Resgata as memórias que nos faz humanos,
Capazes de amar, com a intensidade da eternidade de Deus.

E Deus viu que o tempo era bom e criou o tempo,
Não contente, criou a eternidade para sermos eternos com ele,
Eternos sem tempo,
Para sempre,
Sem nos perdermos no tempo.

PARA MEDITAR:

De que modo você costuma valorizar e gastar seu tempo? Como usá-lo para vivenciar os acontecimentos significativos de sua vida?

Como fazer de nosso tempo o tempo de Deus? Ecl 3.

31

SABER ESPERAR

Somos frutos de uma espera...
Ansiosa, curiosa, alegre, esperançosa, indiferente ou recusada.
Seja como for, somos filhos da espera.
Talvez por isso somos cheios de esperança,
Mesmo quando o mundo está às avessas, continuamos a dizer:
"Se Deus quiser..." "amanhã será melhor..." "paciência, você vencerá..."
E esperamos... ansiosos, pacientes, calmos por algo novo que acontecerá.

Saber esperar é uma virtude.
Mesmo sendo frutos da espera, não sabemos esperar...
Falta-nos paciência, esperança no outro.
Pudera, nós, aprendermos da divina paciência em sua infinitude,
Para contemplar a beleza da vida em sua misteriosa gratuidade.

Saber esperar por quem está aprendendo a caminhar.
Por quem escorregou e caiu à beira das estradas da vida e, com dificuldades, tenta se recompor.
Por quem trilha seus caminhos com passos lentos diferente de nosso ritmo e, muitas vezes, com os pés machucados...
Esperar por quem nos deu a vida e agora caminha lentamente, perdendo suas forças, lutando como vela ao vento, dissipando seu olhar no horizonte do ocaso da vida.
Esperar por aquilo que espera todo ser mortal, despedir-se da vida.
Reconciliado consigo,
Com serenidade,
Com fé,
Com memória agradecida por tudo que viveu e ainda viverá,
Sem lamentar-se do passado,
Sem vitimismo,
Ouvindo o bater do próprio coração,
Como alguém que tomou com dignidade a própria história nas mãos e soube esperar.

Saber esperar não é ser passivo diante dos acontecimentos e do existir,
É saber o momento preciso para agir,
Para salvar e cuidar,
Para dizer a palavra certa,
Para dizer eu te amo,
Para tomar prudentemente as melhores decisões,
Para saber ser.

Saber esperar, paradoxalmente, amiúde, significa correr contra o tempo, contra si mesmo...

Saber esperar pelo tempo de Deus que não é nosso tempo.
No tempo sem tempo, ele continua sempre a nos esperar...
E sua espera bondosa e paciente é a espera que nos redime e nos salva.
Se Deus não nos esperasse, estaríamos nas profundezas do Hades,
Sem nenhuma esperança,
Contorcendo-nos de dores, por não termos sido capazes de acreditar na espera divina.

Esperar a espera esperançosa.
Esperar...

PARA MEDITAR:

Sl 39(38),8.
Dn 12,12.
Rm 418-22.
Rm 8,18-27.

32

RECONCILIAR-SE COM O PASSADO

O que somos hoje devemos muito ao passado.
Culpá-lo? Não é o caminho!...
Pois, embora devamos muito a ele, não nos condiciona.
Somos seres em movimento, um devir a ser que possui liberdade,
Que nos dá a possibilidade de olhar para trás e, com serenidade e paciência, melhorar o futuro.

O passado é um grande baú...
Nele, encontramos nossos tesouros, nossas memórias, nossos afetos, nossas perdas significativas, nossas quinquilharias existenciais, poeira e até animais peçonhentos do inconsciente que nos picam.
Desfazer-se do baú? Não é o caminho..., porque ele é testemunha de nossa história.
Nele, está parte do que somos, parte das digitais de nosso ser, parte do vir a ser.

Abrir nosso baú requer um ato de coragem e de fé,
Silêncio contemplativo para escutar nossas lembranças.
E dessas lembranças, discernir o que deixar para trás,
Mesmo sabendo que ninguém abandona o próprio passado, ninguém pode apagá-lo.
Ainda que se deseje, permanecem os traços da escrita no caderno da vida, que tentamos apagar com a borracha da negação.

O baú aberto é cheio de fragmentos de quem somos,
E dos fragmentos de nosso ser, permite construir um mosaico com suas cores.
Revolvendo nossos pertences antigos, descobrimos pedras preciosas que já havíamos esquecido, pois estavam cobertas de poeiras.
Encontramos certos sacramentos, deixados por quem nos amou/ama de verdade.

O baú aberto dá-nos grande oportunidade: a reconciliação.
Reconciliar é recolher e reunir as lembranças que pudermos, alegres ou amargas.
E com um olhar contemplativo para o mistério de si mesmo, uni-las, reconduzi-las à paz interior, serenizá-las.
Reconciliar requer perdoar,
Grande dom que nos faz limpar e reorganizar nosso baú para enchê-lo de presente(s) e continuar nosso caminho até quando Deus quiser.

Um passado reconciliado nos faz compreender melhor quem somos.
Liberta-nos de sermos vítimas de nós mesmos,
Livra-nos de eleger e sacrificar bodes expiatórios,
Dá-nos a consciência para viver intensamente o hoje,
Permite-nos caminhar em direção ao futuro com nossos tesouros e nossa lembrança sem o peso da amargura.

Reconciliarmo-nos com nosso passado é reconstruir-nos a partir de dentro.
É curar as feridas dos rancores.
É valorizar a própria história.
E vivê-la, cada dia, com tamanha intensidade, como sendo única,
Com o olhar da sapiência de quem é senhor da própria história e
a ofertará, algum dia, ao Senhor da História.

PARA MEDITAR:

Abra seu baú interior e pergunte-se: sou reconciliado com meu passado? Quais dificuldades encontro? Que passos devo dar para torná-lo leve e descobrir os tesouros que estão guardados nesse baú?

33

PERDOAR E PERDOAR-SE

Perdoar: doar!
Quem perdoa abre e doa seu coração, por isso se torna livre.
Perdoar é atitude divina, salvífica de si mesmo e do outro.
É atingir a própria transcendência: o malfeito é desfeito e convertido em gesto de bondade.
Perdoar é experimentar a *kenosis* do próprio Deus, que se fez humano para redimir o humano, a partir de sua própria carne.

Perdoar não é esquecer-se dos fatos...
É ressignificá-los e tirar deles lição de vida.
E, daí, começar de novo uma nova história.
Dizer "eu te perdoo" é invocar três perdões: ao divino, ao outro e a mim mesmo.
Portanto, perdoar é limpar totalmente o coração e abri-lo ao bálsamo do Espírito, que cura as feridas e as mágoas.
Perdoar e se perdoar: é libertar-se e dar ao outro a possibilidade de ser livre diante de nossos olhos e de

nossos julgamentos.
Perdoar é tomar a iniciativa de ir ao encontro do outro, mesmo quando ele não é capaz de nos perdoar...
Perdoar é deixar que o amor ressignifique os novos passos e os novos caminhos.

Não perdoar é alimentar a *esclerocardia*.
É carregar sobre os ombros pesados e esquizofrênicos fardos.
É desprezar em si o dom divino da misericórdia que nos foi concedido para ser repartido gratuitamente com todos.
É manter-se atado, escravo de fatos e de um passado que envenena a alma e enfraquece nosso ser.
Não perdoar e não se perdoar é aprisionar-se em cavernas escuras e não ver a beleza da luz que irradia do próprio ato de perdoar.
Não perdoar e não se perdoar é deixar o coração ir-se corroendo, ao longo do tempo, até tornar-se estéril, sem vida.

Quem perdoa e se perdoa torna-se leve,
Inunda o coração de alegria,
Intensifica a própria santidade,
Vive com intensidade seus dias e é feliz.
Faz dos fragmentos do malfeito, da dor, das mágoas e dos ressentimentos mosaicos de bondade, de gentileza, de mansidão e de generosidade.
Perdoar é tornar-se à imagem e semelhança de Deus, que perdoa sempre!

PARA MEDITAR:

Você perdoou a alguém? Já foi perdoado por alguém? Qual é a sensação de perdoar e de receber o perdão?

Por que temos tantas dificuldades em perdoar os outros?

"O perdão não anula o ocorrido, mas preserva o passado perdoado no olhar purificado" (Emmanuel Levinas).

Mt 6,14-15.

Mt 18,21-22.

Mc 11,25-26.

Lc 6,35-38.

Lc 17,3-4.

Lc 23,33-34.

Cl 3,1-17.

Ef 1,7-9.

34

QUE EU SEJA LUZ...

Que eu seja luz...
Não uma luz que emane de mim mesmo,
Mas daquele que é a Luz.
Que eu seja luz radiante,
Como o sol, que nasce e acorda todo o criado.
Que eu seja luz que aquece, aconchega, cuida e dá vida.
Que eu seja uma luz no horizonte,
Como o pôr do sol, que se despede do dia com sua beleza única e eterna,
Contemplada uma única vez pelo olhar.

Não quero ser a luz que cega e queima,
Que destrói e mata.
Sim a luz que ilumina como pequeno farol,
Para guiar quem se encontra em sua noite escura.

Quero ser a luz do amor,
Que chega de mansinho, incendeia e aquece o coração,

E, com o seu calor, funde os corações
Tornando-os uma só alma.

Não quero ser a luz que brilha sozinha,
Que, aos poucos, perde seu brilho e se esvai.
Sim uma luz que brilhe com outras pequenas luzes,
Para ser coluna de fogo a clarear as trevas do mundo
e ajudar quem se encontra no deserto a caminhar em
suas noites e celebrar a páscoa.

Quero ser luz...
Apenas uma faísca,
Uma centelha,
Uma chama,
Uma vela ao vento,
Uma lâmpada,
Uma brasa ardente,
Para ressoar sua luz, com minha pequena luz.

Que em mim brilhe a luz que vem de ti,
Luz da sabedoria,
Do entendimento,
Da ciência,
Do conselho,
Da fortaleza,
Da piedade,
Do temor de ti, Senhor.

Que eu seja luz,
Mesmo quando os ventos e a tempestade aparecem
E com força hercúlea tudo apaga.

Que a minha luz possa dançar ao vento para tudo suportar
E ser pelo menos um rastro que lutou contra a escuridão.

Que eu seja luz!
De tua luz,
Que me conduz
E a teu brilho me seduz.

Que eu seja luz...

PARA MEDITAR:

Êx 13,20-22.
Jo 1,1-9; 8,12; 9,5; 12,46.
Mt 5,14-16.

Cristo é a luz do mundo. Como cristãos, devemos resplandecer essa luz onde estejamos... Como fazê-lo nos dias atuais, muitas vezes, tão marcados por trevas?

35

ENTRE CAMINHOS E ENCRUZILHADAS, O CAMINHO

O mundo nos oferece milhares de caminhos.
Caminhos largos e estreitos,
Pedregosos e esburacados,
Com suas subidas e descidas,
Empoeirados e asfaltados.

Se a certeza do caminho não é evidente,
afrontar as diferentes encruzilhadas e fazer a melhor escolha requer discernimento e ato de fé.
Escolhemos caminhos, porém a certeza para onde eles nos levarão não temos.
Mesmo com nossos mapas, diferentes indicações, tudo planejado e programado passo a passo, podemos não chegar do modo como pensamos.
Tantas coisas podem acontecer... as surpresas do caminho!
Aí está a beleza e o mistério excitante, pois, mesmo percorrendo os mesmos caminhos, eles sempre nos

apresentarão o inesperado imprevisto, sempre algo novo, fascinante, assombroso.

Mas há um mapa de caminho que chegou até nós, dito por um caminheiro que muito conheceu o pó das estradas, as trilhas do deserto, as paradas dos oásis...
Foi ele, o caminheiro audaz de Nazaré, a nos dizer: "Eu sou o caminho, a verdade e a vida" (Jo 14,6).
E, assim, ao longo da história, tantos seguiram o Caminho (At 9,2)
E aprenderam com ele o mapa e a estrada.

O caminheiro de Nazaré coloca-se como caminho, caminho seguro...
No entanto, para fazer nossa viagem mais excitante e aventureira, não nos poupou das encruzilhadas.
Não quis nos eximir da difícil arte e tarefa de escolher, ato de fé cotidiano, que nos faz renunciar a tantas outras possibilidades.

O caminheiro de Nazaré também não foi poupado por seu Pai.
Diante de si, teve de escolher entre sua liberdade pessoal e a liberdade da cruz,
Entre o espírito deste mundo e o Espírito que santifica,
Entre o simbólico e o diabólico.
Na encruzilhada, posta pelo próprio Pai, o caminheiro de Nazaré escolheu a liberdade da Cruz, o Espírito que santifica e o simbólico, aquilo que une a todos,
E com seus próprios pés, ensinou-nos o caminho, para que todos sejam um como Ele e o Pai são um (Jo 10,30).

Como seres em caminho, vamos seguindo nosso curso,
Por campos e bosques,
Por montanhas e planícies,
Por florestas e riachos,
Por desertos e oásis,
Contemplando a beleza e a unicidade de cada um.
Quando chegarmos à encruzilhada, escolher a estrada segura: caminho verdade e vida, nosso único destino.

PARA MEDITAR:

Lc 24,13-35.
Jo 14,1-31.
Jo 17.

Que caminhos você tem trilhado em sua vida? Por onde o levaram?

De que modo discerne os melhores caminhos diante das encruzilhadas existenciais? Como escolhê-los?

Você tem permitido o Caminheiro de Nazaré caminhar consigo, entrar em sua casa, compartilhar a escritura e o pão?

36

ÉS TU, SENHOR

Lindo ouvir sorrisos ao começar o dia como a luz
do sol, colorindo o mundo ao redor.
Escutar o coração que bate, sorri e ama a olvidar-se
das dores de ontem.
Aí está o ser humano que sorri, sonha e renasce cada dia,
Que professa seu ato de fé ao despertar-se cada dia,
E com saudade infinita busca seu alfa e ômega.

Ser que caminha no tempo e na história a passos
largos e lentos.
Que imagina o horizonte e se lança sobre ele
Com tamanha audácia, filha do coração ardente e corajoso.
E com a beleza e a simplicidade nascidas da alma,
Entusiasma o vento que faz as flores dançarem
Diante de seu olhar provocante, como safiras
brilhantes, fita os meus e os fazem enamorar de ti.

A vida que ilumina a escuridão és tu.
Amor que se torna um laço terno e eterno.
Perfumando a beleza da existência humana,

A desvelar tesouros escondidos nos corações
Unidos pelo mistério da vida...
Como em um espelho te encontramos refletido em nossa existência e transcendência, fazendo-nos belos e numinosos.

És tu, Senhor, que jamais nos abandona, mesmo quando buscamos outros amores, outras heranças, outros deuses.
És o único capaz de fazer-te sinfonia para acolher, com tremenda alegria e música, a quem retornou à casa paterna.
És tu, Senhor, único capaz de transformar-te em vinho novo para que a humanidade não fique desolada no final da festa.
És único que te compadece, transforma-te em pão para que as pessoas tenham força e vida.
Diante de ti, somos seres que caminham no tempo e na história a passos largos e lentos,
Que imaginam o horizonte e se lançam sobre ele,
Com tamanha audácia, filha do coração ardente e corajoso,
Para encontrar-te vivo caminhando pelo mundo.
E com tamanha surpresa exclamar: És tu, Senhor!

PARA MEDITAR:
Lc 15,11-32.
Jo 2,1-11.
Jo 6,1-15.

37

GOTAS DE ESPERANÇA

Senhor, vivemos tempos obscuros.
Da loucura do ter, do domínio do poder,
Do esquecimento do outro,
Do colapso da humanidade,
Da religião vazia sem Deus,
Do crepúsculo da bondade,
De ameaças à liberdade,
Do esquecimento da ética,
Da falta de horizonte de fé.

Todavia, se o mundo está triste e escuro por sombras de morte, há gotas de esperança.
Gotas de esperança que fazem as faces sorrirem e os olhos brilharem.
Que acreditam na bondade e na solidariedade
E não se esquece de quem é frágil,
Tornando-se samaritano, acudindo os feridos à margem da história.

As gotas de esperança fazem o mundo florir.
E quem está no abismo da tristeza, sorrir.
Espantam os fantasmas do pessimismo.
São antídotos contra o vírus do mal.
Faz-nos não perdermos a esperança no humano,
Esperando dele que seja somente humano...

As gotas de esperança são o beijo e a ternura divinos sobre o mundo.
Calor do abraço amoroso que se eterniza no tempo,
Carícias de ternura que afaga nossa alma,
Desejo ardente que faz nosso coração pulsar,
Dando-nos a força para seguir o caminho
Sem ter medo do futuro.

As gotas de esperança fecundam nossos desertos,
Faz-nos construtores de jardins,
Semeadores de sonhos,
Cultivadores da alegria,
E crentes no tempo de Deus,
Sem ter medo do amanhã.

Mesmo nos dias áridos da história e de nossa história, nunca nos faltem gotas de esperança.
Juntas, transformarão em chuva serena para nutrirem nossa fé,
Fecundar nosso amor,
Refrescar nosso ser,
Inundar-nos do bem,
Mergulhando-nos e serpeando-nos até o mar profundo,

Que és tu, Senhor,
Fonte e razão de nossa esperança.

PARA MEDITAR:

Sl 39 (38),8.
Ef 1,15-18.
Rm 5,1-4.
Rm 8,24-27.
Rm 15,13.

38

ENCONTRAR COM O SENHOR

Há dias que estamos cansados e com sede de algo novo.
Saímos, com nossas paralisias, com nosso cântaro vazio às costas, a procurar por algo...
Como uma voz inconsciente, a sede nos faz superar nossos limites e caminhar...
No meio do caminho árido, encontramos um poço,
A seu redor, sentado, o Senhor, cansado e sedento, procurando por nós.
Sem olhar nossos pecados, nosso passado e nossa condição social, sem rodeios, pede-nos de beber... (Jo 4,1-42).

Com nossa surdez, não escutamos seu pedido,
Nem escutamos o barulho da água que jorra, silenciosamente, no fundo do poço.
Então, o Senhor percebe nossa surdez, que não o escuta, e nossa língua presa, que não consegue dialogar com ele.
Calmamente, sentado à beira do poço, pronuncia um "efatá",

E assim, abrem nossos ouvidos e nossa boca (Mc 7,31-37).
E escutamos sua voz insistente que nos pede de beber e o barulho da água...

Apavorados e atordoados por tão nobre pedido, trememos, pegamos nossas cordas e nosso balde e tentamos buscar a água.
Mas o velho poço escuro a esconde,
Sem fazê-la jorrar.

Ao ver-nos desconcertados,
Num olhar penetrante, entra em nosso interior.
Conhece nossos ídolos, nossos amores,
Nossas dúvidas, nossa falta de fé,
Nossos desejos divinos e profanos,
Nossos medos, nossas incertezas e nossas buscas,
Nossa vontade de acertar e de ser melhor,
Nosso coração sincero e sedento,
Nosso cântaro vazio que anseia por água viva.

À beira do poço, o caminheiro de Nazaré faz sua sinagoga e torna-se palavra viva.
Com seu olhar toca lá, em nosso íntimo, onde somos o que somos, chama-nos pelo nome, coloca-nos de pé, liberta-nos de nossas mãos secas (Lc 6,6-11). Com as mãos livres, ainda insistimos em buscar água no velho poço, escuro e profundo.

O Senhor pacientemente nos espera...
Observa nossa tentativa desajeitada e angustiante em busca da água.

Sabe que ainda não enxergamos o poço, pois é
profundo e misterioso e não temos visão.
Movido de compaixão por ver-nos à beira do poço
sedentos, mendigando um pouco de água, o Senhor
nos faz enxergar de novo (Mc 10-46), curando-nos
das cegueiras existenciais.
Ele mesmo se faz facho de luz para entrevermos o
verdadeiro poço e sua água viva (Jo 9,1-41).

Com seu diálogo manso e sereno,
O Senhor vai libertando nosso ser.
Percebe nossa dificuldade de chegar até o poço
E de descer até ele.
Percebe nossas paralisias (Mc 2,1-12).
Então, diz-nos: levanta-te, anda, pega seu balde e
lança-o de modo profundo e sem medo.
Atingimos o mistério do poço,
Encontramos a água viva,
Que jorra perenemente.
Num grito de louca alegria,
Liberados da paralisia, saímos correndo,
Anunciando o novo poço que encontramos
E sua água que mata a sede para sempre.
E todos, entusiasmados, acorrem ao poço,
reconhecem o verdadeiro rosto do caminhante
sedento de Nazaré,
Profeta e Fonte de água viva,
que fez florescer nossos desertos interiores
E transformá-lo em jardim de vida nova.

PARA MEDITAR:

Jo 4,1-42.
Sl 36(35),8-10.
Is 12,2-4.
Mc 2,1-12.
Mc 7,31-37.
Mc 10-46.
Jo 7,37-39.
Jo 9,1-41.

De que modo o Senhor aproxima-se de sua fonte? Qual é a qualidade da água que tem para oferecer-lhe? O que você oferece a quem lhe pede de beber?

39

TU ÉS A FONTE

Senhor, tu és a fonte de água viva de minha vida,
Que refresca meus desertos interiores,
Cria oásis de paz e de serenidade
E faz nascer dentro de mim campos floridos.

És a fonte das fontes
Da qual brotou água e sangue
Que me purifica e me faz viver
E me nutre para seguir o caminho, mesmo quando meus pés sangram.
Em teu sangue meu sangue, minha bebida diária.
Em tua água minha sede saciada,
Que me faz sempre retornar à fonte e encher minhas tálias para que transformes essa água em um vinho novo, cor de teu sangue.
És a água viva e o vinho bom,
Que matam a minha sede e me deixam mais sedento.

Tu és a fonte,
Mas provocas-me e me pedes de beber.

Faz-me ir às profundezas de minhas cisternas,
A buscar minhas gotas de águas para entregá-las a ti.
De minhas cisternas profundas, escuras e quase secas,
Tu as transformas em torrentes de água pura para que
eu não tenha sede e leve tua água a quem é sedento.

Tu me transformas em fonte,
Local de diálogo e de encontro,
Da intimidade entre divino e humano,
Do humano que, a cada dia, se constrói,
Do humano que, a cada dia, deixa suas marcas no
tempo e na história,
Do humano que vai, pouco a pouco, entregando sua
vida,
Como lenha consumida pelo fogo,
Para brilhar em tua presença e em tua eternidade,
Senhor.

Tu és a fonte!
Faz-me fonte!
A desaguar até perder-me no horizonte,
E me confluir em teu imenso oceano,
Lugar da profunda beleza e do mistério da vida,
Que alimenta e sacia toda a humanidade.

Tu és a fonte...

PARA MEDITAR:

Onde se encontra sua fonte, seu oásis de água viva para atravessar os desertos da vida?

Jo 2,1-12.
Jo 4,1-30.
Jo 19,31-37.
1Jo 5,1-10.
Hb 5,7-10.

40

SAIR DA PRÓPRIA CARNE

O humano sem carne é desumano!
Pois, na carne, experimentamos o mundo,
Sem desencarnarmos de nós mesmos.
Um ser humano desencarnado não compreende sua historicidade,
Não interpreta a finitude da carne desencarnada.

Na carne nos materializamos e nos salvamos.
Sentimos, sofremos, amamos, morremos.
Na carne, somos frágeis, místicos, santos, pecadores, divinos, eróticos, agápicos, misturados com *thanatos*
Em nossa carne, somos o que somos.
Somos fogo, água, terra, pó, vento, sangue, vida, matéria, energia, mistério, horizonte,
Sem termos consciência de tudo que somos e podemos ser.

O humano sem carne é desumano!
Sem desencarnar-nos, podemos sair da própria carne para nos humanizar.

E nos humanizamos quando amamos
E amamos quando nos humanizamos.
Assim, amar é reconhecer a própria carnalidade e
acolher a carne do outro.
É sair da própria carne, arriscar-se, ferir-se, sangrar,
curar,
É ver no rosto do outro nosso próprio rosto,
Num olhar de profunda beleza que nos faz extasiar,
porque encontramos a razão de sermos carne
encarnada humanizada e humanizante.
Quem ama sai da própria carne, mas não se
desencarna,
Torna-se amor encarnado e fecundo, repleto de
kenosis.

Encarnar e sair da própria carne sem desumanizar-se
é próprio do humano-divino-humano.
E somente Ele, no ato de supremo amor, deixou-nos
sua carne e seu sangue para nos dar vida.
Vida em que nos materializamos e nos salvamos,
Sentimos, sofremos, amamos, morremos,
ressuscitamos
Com nossa carne e suas marcas do tempo,
com nossas dores e nossos amores
escritos nas páginas do tempo
com tintas vivas do próprio sangue
de quem saiu da própria carne por ser capaz de amar.

PARA MEDITAR:

Ct 8,6a.
Jo 1,1-18.
1Jo 1,1-4.
Fl 2,6-11.

41

EM TEU SILÊNCIO

Senhor, a teu silêncio acorro.
Nele, meu socorro e minha paz.
És meu oásis, onde posso repousar todo o meu ser.
Em teu silêncio, compreendo tuas palavras.
E, em minhas palavras, compreendes teu silêncio.
E assim, comunicamos, em silêncio...

Em teu silêncio, experimento o amor
Que se revela num mistério indizível
E me faz sempre mais querer a ti,
Porque, somente em ti, o amor ganha sentido
E é bálsamo para toda a dor.

Não tenho nada para dizer a ti.
Porém quero escutar a palavra que ecoa de teu silêncio,
E, nela, aprender a silenciar minhas feras interiores
E os gritos que ecoam de todo o meu ser.
Quero silenciá-los, não os reprimir, pois teu silêncio é confronto, carinho, libertação e canção de ninar,
Para serenar todas as minhas preocupações,

Todas as minhas elucubrações,
Todas as minhas pulsões,
Para repousar em ti, em paz.

Em teu silêncio e em meu silêncio, os olhares se tocam.
Entras dentro de mim e conheces aquilo que sou.
Entretanto, meu olhar não pode entrar dentro de ti,
Mas, em teu silêncio, abraças-me inteiro e eu me sinto dentro de ti para experimentar tua grandeza e formosura.
Em teu silêncio, minha calmaria...
Que faz olhar para minha existência com sabedoria,
Para contemplá-la com alegria.
Em teu silêncio, sem saber o que dizer,
Deixarei a vida correr, sem nada temer,
Pois a teu silêncio sabes que sempre irei recorrer.

Em teu silêncio, minha prece sem pressa,
E minha prece, sem palavra, em teu silêncio...

PARA MEDITAR:

Sl 23 (22).
Eclo 20,1-8.
Lm 3,26.
Mt 6,6-15.
Lc 5,16.

42

DANÇA DIVINA

Deus bailava na eternidade,
Valseando no tempo sem tempo,
A escutar o som de sua própria dança
E a musicalidade do sopro do Espírito.
Então viu que era bom e resolveu não parar de dançar.
Resolveu sair da eternidade e entrar no salão do tempo.
Criou performances únicas, com beleza indizível.

Com um malabarismo tomou um arco e acendeu uma grande pira, criando o fogo do sol, da lua e das estrelas. Enquanto um apagava, outro acendia, e, desse modo, deram-se o dia e a noite, numa mistura de luzes e sombras.
Em passos de tango, suando em bicas, criou as águas da chuva, dos rios e o mar com suas ondas. E ele viu que era bom.

No salão do Universo, tomou uma pequena bola de argila e, em movimentos mágicos e malabarísticos, criou um corpo, tomou-o em suas mãos, olhou em seu rosto, amou-o, soprou-lhe e a sua criatura acordou e começaram um grande balé. E, vendo que ainda faltava algo, numa peça chamada Morfeu, fez seu par dormir e dele tirou uma costela para dar ao ser criado outro ser da mesma carne e dos mesmos ossos, para dançarem juntos, sem ser superior ou inferior ao outro, o balé da vida. E ele viu que era bom.

Com passos de samba e batuques, criou todos os movimentos existentes, numa sintonia de extrema beleza, liberdade, alegria e dinamicidade a sua obra. E ele viu que aquele samba era bom.

Para animar e embelezar seu engenho, Deus saiu pelo grande jardim com sombrinhas coloridas a dançar um grande frevo, e todo o Universo reluzia com ele as cores e as danças. E ele viu que era bom.
Por fim, por meio de uma Ciranda, colocou todas as coisas em incrível harmonia, cada uma cumprindo seu papel na dança cósmica. E ele viu que era bom.

No sétimo dia, Deus estava cansado de tanto dançar e quis descansar. Então, convidou todo o Criado e resolveu oferecer-lhe um baile, num grande jardim em sinal de gratidão.
Todos os seres com suas cores e fantasias inventavam e bailavam sua própria sinfonia. E Deus contemplava a dança e viu que era muito bom.
E ele viu que o baile cósmico era composto de eterna alegria, por isso continua dançando até hoje

E dando movimento a todo Universo
Até o dia em que o Criador Dançarino reunir todo o criado no salão da eternidade,
Assumir e redimir tudo em si, escatologicamente, na dança da salvação.

PARA MEDITAR:

Gn 1–2.
Sl 8.
Sl 92 (91).
Sl 148.
Sl 150.
Sl 146-147.

Reflita sobre a beleza da Criação como presente que Ele nos deu. Como podemos cuidar de tudo isso para que as gerações atuais e futuras possam ter melhor qualidade de vida?

43

SENHOR, NÃO SEI REZAR!

Senhor, minha oração parece não chegar a ti.
Como poeira ao vento, desvia-se de seu destino.
Talvez eu queira a oração perfeita, com belas palavras.
Tu somente me pedes a oração da simplicidade e do silêncio e a busca de meu templo interior.

Ao entrar em meu templo, ponho-me a rezar como criança a balbuciar suas primeiras palavras.
Tu as escutas como canção de ninar.
Assim, aprendo que rezar é paciência, perseverança, diálogo, intimidade, discernimento, comunhão.
É comunhão de espírito humano e divino,
Numa sinfonia cósmica de palavras e de silêncios,
Que alegra teu coração e me dá a paz interior e a força para viver.

Não sei rezar... apenas dizer-te: "Senhor, aqui estou, este sou eu! Trago em minhas mãos o que tenho! Não é ouro, nem prata, nem incenso, porém o que tenho te dou ora com minhas mãos vazias ora com elas cheias" (At 3,6a).

E tu, com teu olhar profundo, fitas-me e me ama,
Provoca-me a desaprender a rezar...
Porventura, pedes demais de mim, pois desaprender a rezar tira-me as seguranças teológicas e espirituais.
Esvazia-me das orações áridas e vazias,
Faz-me abandonar meus templos dourados com odor de incenso e empoeirados, construídos com tanto suor e lágrimas;
Faz-me deixar minhas imagens divinas que, com artesania espiritual, construí;
Faz-me abandonar as fórmulas mágicas para aprisionar-te a fim de atender meus pedidos.
Eis o que me pedes: desaprender a rezar!
E isso me exige refazer caminhos
E a reconhecer que não sei rezar.

Saber rezar é desaprender, desprender-se de palavras, de fórmulas, de pensamentos, silenciar-se, pois só assim é possível aprender de ti.
Aprender de ti que nos ensinou a *kenosis*,
Apreender do divino que quis aprender com o humano.
E, agora, faz-me humano que aprende do divino,
Reconhecendo que aprender a rezar é caminho de cada dia, mesmo sem nenhuma palavra, sem nenhuma prece.

Senhor, ensina-me a desaprender a rezar
Para que eu aprenda tua oração,
A oração de teu silêncio,
De teu olhar,

De tua compaixão,
De tua simplicidade,
De tua paciência,
De teu entendimento,
De tua sabedoria.

Eu não sei rezar...
Mas contigo aprenderei a desaprender,
Para chegar a teu coração
E contemplar com novo olhar tua face!

Ensina-me a rezar, Senhor, como um dia ensinaste a teus discípulos...
Amém!

PARA MEDITAR:

Como está a qualidade de sua oração pessoal e comunitária?

Quais são as dificuldades que você encontra para realizar seus momentos de intimidade com Deus? Que passos necessita dar para melhorá-los?

"Se na oração sou sempre mais transformado à imagem de Deus, sou verdadeiramente livre. Nenhum homem tem mais poder sobre mim; o mundo perdeu sua influência sobre mim. Posso respirar livremente, experimento Deus como a fonte interior que flui por todo o meu ser e me faz viver. Essa é a liberdade que compreende São Bento, quando fala do coração aberto (*dilatato corde*) que o monge obtém com seu caminho espiritual. O coração aberto é o coração livre. Livre para se dedicar a todos. Sua abertura impede que o coração se apegue a alguma coisa. O coração aberto se assemelha ao coração trespassado de Jesus na cruz ao qual todos têm acesso, no qual todos se sentem seguros, porque nos flui o amor divino que não há fim nem limites".[1]

Lc 11,1-13.
Mt 14,23.
Mt 26,36.
Mc 1,35.
Mc 6,46.
Lc 5,16.
Lc 6,12.
Lc 9,18.
Lc 11,1.
At 3,6a.
Hb 5,7-8.

[1] GRÜN, Anselm. *Essere liberi per essere veramente se stessi*. Milano: Paoline, 2009. p. 138.

44

ORAÇÃO PARA COMEÇAR BEM O DIA

Senhor, abre meus caminhos para que eu proclame teu louvor!
Abre meu coração para que eu possa fazer o bem onde quer que eu esteja!
Dá-me inteligência, inspiração e criatividade para que eu exerça meus trabalhos com competência!
Protege-me de todos os males e perigos que assolam nossa sociedade!
Livra-me de toda má ação que prejudique meu próximo!...
Senhor, eis o meu dia que está a começar!
Guarda-me, fortalece-me, dá-me palavras de consolação e de esperança a quem eu encontrar desamparado e desesperado.

Que este dia, com todas as minhas atividades, seja cheio de alegria, aquela alegria que vem de ti, Senhor.
E, nos momentos de desânimo e de sofrimento, que

eu tenha a luz, a coragem e a força para superar tudo aquilo que me causa dor.
Que em cada hora que passa eu possa recordar teu amor,
E, no findar do dia, possa ofertá-lo e agradecê-lo a ti, Senhor.

Quando meus dias se iniciarem cinzentos, nublados e com as tempestades da vida, peço-te que me livres do pessimismo e das lamentações.
Suplico apenas tua luz e a calmaria para que eu possa caminhar por tuas sendas como criança nos campos.

Que meus encontros no decorrer do dia sejam sempre uma bênção,
uma presença que transmita tua paz,
Livre de todos os preconceitos e julgamentos,
Para que eu possa ser um oásis de acolhida e de consolação a quem eu encontrar.

Abençoa meu dia que se inicia, Senhor,
Para que ele seja frutuoso
E eu possa realizar tua vontade.
Abençoa-o para que por meio de meu trabalho eu possa ter o pão em abundância e coração generoso para repartir com que não o tem.
E, no fim do dia, abre meus caminhos para que eu retorne a minha casa
E dela faça sempre teu templo para te louvar
e agradecer todos os dias até o dia que nos encontraremos na eternidade.

Obrigado, Senhor, por este dia que se inicia...
Que eu o comece e o termine feliz
Sempre com o coração em ti!

PARA MEDITAR:

Sl 5.
Sl 15.
Sl 23 (22).

Quais suas preocupações ao iniciar seu dia? Reze-as pedindo que Deus lhe dê serenidade ao coração.

45

ORAÇÃO DO ENTARDECER

Senhor, agradeço-te, com todo o meu ser, este dia vivido,
Com suas alegrias e preocupações,
Mas com os frutos colhidos de minha labuta e de meu suor.
Agora, apresento-os diante de ti para que sejam a minha oferta singela.
Oferto-te também o que não foi bom:
os frutos não colhidos, as experiências amargas e as frustrações para serem transformadas em ação de graças.

Que o fruto de meu trabalho não seja em vão e contribua para progresso da sociedade,
Para que possa avançar cada vez mais em humanidade e em igualdade para todos.
E, assim, todos tenhamos vida em abundância (Jo 10,10)
Como é teu desejo, Senhor.

Que eu termine este dia sem nenhum ressentimento,
Possa dormir com serenidade o sono dos justos,
Sonhar como os profetas um novo dia,
Despertar como sábio que vê o mundo com o olhar sapiente,
E começar outro novo dia com bênçãos divinas.

Obrigado, Senhor, por este dia que se finda
Com a beleza de um pôr do sol.
E, aos poucos, vai silenciando-se noite a dentro
E preparando os mistérios do amanhã,
Com suas surpresas e belezas
Que somente, tu, Senhor, sabes.
Por isso, neste findar de dia, coloco em tuas mãos meu descanso e o amanhã. Amém! Assim seja!

PARA MEDITAR:

Sl 4,8-9.
Mt 14,23-25.
Mc 1,35.
Lc 6,12.
Qual a oração que quer apresentar a Deus neste dia? Faça/escreva sua oração pessoal.

46

ORAÇÃO PARA LIVRAR-NOS DO MAL

Livrai-nos do mal, Senhor, todos os dias de nossa existência!
Livrai-nos de tudo aquilo que nos desumaniza e nos afasta de nossos irmãos e de ti, Senhor;
De nossos maus pensamentos que povoam nossas mentes e podem se transformar em ato e nos fazer praticar o que não é de teu agrado;
De nosso olhar cínico e condenatório, que julga e condena a partir das leis de nosso próprio egoísmo estéril;
Das palavras que desferimos contra o outro e cortam como espada de dois gumes;
Do agir incorretamente nas pequenas coisas cotidianas para que não incorramos em desejos afoitos de realizar aquilo que não está em conformidade com tua Palavra.

Senhor, dá-me a força necessária para que eu nunca pratique o mal a teus olhos e nada contra meu irmão.

Que eu tenha força de lutar e combater o mal no mundo, especialmente aquilo que fere a dignidade humana.
E meu agir possa ser um sinal de que o bem é possível, mesmo quando tudo parece trevas e não existe mais esperança.
Não me abandones, Senhor, nesse propósito e livra-me de todo o mal. Amém!

Em minha vida nunca me deixe faltar tua luz. E que eu possa irradiá-la, onde quer que eu esteja, especialmente nos lugares trevosos e de vale de lágrimas.
Dá-me a força de teu Espírito e a sabedoria para afrontar o mal,
Concede-me olhar de sapiência sobre o mundo
E agir prudente diante das decisões a serem tomadas para não machucar meu semelhante.

Auxilia-me, Senhor, nessa missão,
Fruto de tua encarnação, morte e ressurreição,
Quase ofuscadas pelo poder do mal do mundo,
Com seus sepulcros cheirando sangue e morte a martirizar homens e mulheres de bem, assim como tu um dia foste perseguido e morto.
Dá-me a luz e a beleza de tua ressurreição para que eu seja capaz de entrar nos túmulos do mundo e combater aquilo que desfigura o humano.
Livra-me, Senhor, de causar o mal e livra-nos de todo o mal. Assim seja. Amém!

PARA MEDITAR:

Sl 34 (33).
Sl 59 (58).
Sl 68 (67), 20-21.
Sl 91 (90).
Lc 11,2-4.
Jo 14,13-16.

47

SENHOR, O QUE QUERES DE MIM?

Senhor, o que queres de mim?
Por que tenho que viver em minha carne tamanha imperfeição?
Por que fazes descer-me a meus infernos?
Por que não consigo as mudanças que desejo e de que necessito?
Por que não consigo ser fiel a tua Palavra?
Senhor, o que queres de mim?

Talvez, queiras que, em minha carne imperfeita,
eu experimente o absurdo de meu nada para experimentar teu tudo,
Para que eu possa sentir com todo o meu ser as marcas da vida e das contradições na própria carne.
E, em minha própria carne, ser samaritano que cura as feridas da própria imperfeição sem julgar os outros.

Ao descer a meu abismo, em meu profundo Hades, faz-me assemelhar a ti que um dia desceu à mansão dos mortos para nos salvar.
E, nos infernos das tamanhas impossibilidades e imperfeições, faz-me levantar com a força que vem de ti e deixá-los vazios e desabitados.

Pode ser que, ao querer mudar, desejo fazê-lo desde minhas compreensões e expectativas e não consiga enxergar as mudanças que tu, silenciosamente, operas em mim.
Fico atado à onipotência de minhas próprias exigências e não percebo a conversão que operas na simplicidade do cotidiano.

Quiçá, por isso, não escute tua palavra, porque meus ouvidos ouvem apenas as vozes de minha carne, e eu não tenha a força necessária para compreendê-la.
Mas, se um dia, tu, Palavra, fizeste-se carne, minha carne se torna palavra e minha carne tua palavra, pois, ao me criar, amou-me por toda a eternidade.
Senhor, o que queres de mim?

Na pequenez de meu ser não consigo compreender tudo o que me dizes, no entanto sei que queres algo de mim, Pois, em teu silêncio, falas em meu coração.
Entendo e quero caminhar contigo sem saber por onde começar, entretanto, mesmo que não saiba, conduz-me por teus caminhos.
Sei que quero tua companhia, mesmo que não tenha a certeza de acompanhar teus passos, mas sei

também que há a paciência de me esperar...
O que queres de mim, Senhor?
Respondes-me com teu silêncio,
Que faz calar minhas perguntas e inquietações,
E, sem me exigir palavra alguma,
Faz-me sentir querer sempre ir a teu encontro,
Mesmo que eu não entenda o que queres de mim.

Senhor, o que queres de mim?
O que quero de ti?
Quero apenas estar sempre em tua presença para que compreenda o que queres de mim...

PARA MEDITAR:

Sl 63 (62).
Sl 86 (85),11-13.
Lc 18,35-43.

48

MEUS OLHOS VIRAM A SALVAÇÃO

Senhor, não tive o privilégio de conhecer-te pessoalmente.
És tão antigo e tão novo,
Tão humano e tão divino,
Tão vivo, que nasces e renasces a cada dia em meu coração.
Assim, tornas tão próximo de mim quanto sou de mim mesmo...
Conheces toda a minha interioridade, minhas fragilidades e minhas forças, o desejo que tenho de me tornar melhor.
Todavia, eu pouca coisa sei de ti, por essa razão, cada dia te busco.

Não sei quem és!
Não posso imaginar seus traços físicos, sua voz e tantas outras características.
Talvez, não são essenciais, pois bastam o mistério de tua beleza e de tua bondade.

Desde pequenino, sem conhecê-lo, escutei que eras bom, e tua bondade entrou em meu coração.
Ouvi das escrituras que tu passaste fazendo o bem, foi rejeitado e morto por isso (At 10,38).
Aprendi que, por amor, encarnaste, viveu como um de nós e, por tão grande amor, morreste tragicamente em uma cruz.
E provei a fé ao saber que tua morte transformou em vida.
Então, aos poucos, fui formando uma imagem de ti, mesmo sem conhecer-te.

Com santa inveja fiquei dos profetas que já falavam de ti, de Simeão que o viu e pôde morrer em paz, de teus discípulos e apóstolos que foram chamados e conviveram contigo,
das pessoas que foram perdoadas e curadas de seus males por ti,
de todos que estiveram junto de ti.
E eu, longe no tempo e no espaço, não sei quem és!

Mesmo sem conhecer-te me pus a dialogar contigo.
E, paulatinamente, meus olhos e meus ouvidos foram se abrindo e fui formando a imagem de ti.
Tua palavra fez meu coração arder e meus olhos verem o que não podia enxergar.
Perceber que meu olhar e compreensão sobre ti estavam equivocados, e que, para além do olhar físico, eram necessários o olhar do coração e do espírito para iluminar a fé.

Assim, regressei no tempo e no espaço, e, com o olhar da fé, conheci-te mais do que aqueles que a seu lado estiveram,
Pois, desde que deixou este mundo, tua história continuou a ser escrita nele por pessoas que te conheceram e contaram como passaste fazendo o bem.
E outras, como eu, que não te conheceram, mas, pelos olhos da fé, por aquilo que viram e ouviram, puderam ver a salvação que veio de ti com olhos de fé.

Descobri que Deus Pai cumpriu sua promessa e ofereceu à humanidade seu filho salvador, para iluminar todas as nações (Lc 2,29). Então, agora, como Simeão, que viu a ti com os próprios olhos, posso dizer que vi, pelos olhos do coração e do espírito, a salvação, que vem de ti.
Por isso meu coração inquieto encontrou a paz, pois descobriu teu rosto e tua redenção.

PARA MEDITAR:

Sl 139 (138).
Lc 2,29-35.
At 10,34-43.
Rm 15,7-21.
Hb 11.

49

PEGADAS DIVINAS

Em tudo deixa tuas pegadas, tuas impressões digitais.
Manifestas no silêncio e em cada detalhe do criado, tecido com divina afeição e perfeição.
Como não crer em algo maior do que a inteligência humana?
Fizeste a inteligência dos seres humanos para que estes pudessem continuar a criar o mundo contigo e torná-lo mais belo.
Em cada minúsculo ser existente, há tuas marcas.
Tudo está posto em seu lugar e cumpre sua finalidade.
Nada é estático! Tudo é extático!
Todavia, não o compreendemos, por isso continuamos a desprezar tudo o que fizeste e faz por nós, gratuitamente.

Não és fruto da imaginação ou de ideias criativas de um autor que inventou uma história acerca de ti.
Desde o princípio, realizaste tua epifania no mundo,

por meio dos sinais da natureza.
És terra.
És fogo.
És ar.
És água.
És música.
És amor.
És vida.
És tudo! E tudo tem teus rastros.
Rastros de eternidade, que a contingência do tempo nunca apagará.

E assim, continuas a escrever a cada dia a história do Universo inacabado, não por tua imperfeição, mas sim porque tem vocação eterna para criar.
Em cada página escrita por ti, o vento do Espírito seca as tintas de tuas palavras gravadas no tempo e folheia cada página, formando mais um capítulo do livro aberto do Universo.
Em cada página, desenhas um ser humano a tua imagem, e o sopro do Espírito dá vida e criatividade a esse desenho, que vai ilustrar tuas páginas na história do Cosmos.
Em cada linha escrita por ti está a história da salvação e, como que, com tamanha artimanha divina, quase deixaste tua condição divina ao fazer-te humano pelo sopro de teu Espírito, no seio de uma pobre camponesa de Belém.
Em cada linha escrita com tinta de suprema bondade, está a história de teu Filho. Nele, a ação de teu Espírito.

Em tudo o que fez estava tuas pegadas. E ele nos ensinou a compreendê-las e a segui-las.
E, no estonteante mistério da cruz com seu drama e suas dores, tuas pegadas pareciam desaparecer.
Não era possível enxergá-las na escuridão das trevas,
No silêncio do corpo morto,
No desespero de uma mãe com o coração partido,
Na decepção dos amigos.
Sim, tuas pegadas foram cobertas pela poeira do pecado e pela angustiante noite da morte.

E tu, no silêncio, não disseste qualquer palavra.
Deixaste todos em espera agônica...
E no silêncio do túmulo, teu Filho descia à mansão dos mortos e seguia tuas pegadas redentoras.
E tu, seguindo as pegadas do Espírito, entraste no abismo da morte e chamou à vida teu Filho.
E teu Filho, libertando-se do abismo da morte, saiu pelo jardim que criaste e foi deixando suas pegadas que eram as tuas, cobertas outrora pela poeira do pecado.
Chamaste o Filho para ti.
Dele, ficaram teus rastros na poeira da estrada da vida,
Que cada um seguirá guiado pelo sopro do Espírito
Para escrever sua própria história em teu livro e continuar a narrativa de tuas pegadas divinas no tempo e na eternidade.

PARA MEDITAR:

De que modo você percebe os rastros de Deus em sua história de vida?

Como identificá-los em nossa história marcada por tantas contradições?

1Cor 2,1-12.

50

FACE DOS SEM FACE

Caminho por entre as estradas do mundo
E vejo pessoas sem face, sem sorriso,
Com marcas do tempo,
Com a mais tenra idade,
Com corpos sofridos e rostos sem face.
Em cada rosto, está teu rosto, Senhor, rosto ensanguentado pela coroa de espinhos que dilacera o rosto e o olhar.

Tu foste sempre a face dos sem rostos,
Dilacerados pelo deus carrasco da religião que oprime,
Desfigurados pela fome causada pela ganância,
Afligidos pelo horror da guerra,
Atormentados pela falta de paz,
Torturados por lutarem pela vida e serem profetas de esperança.

Em tua face, vemos a imagem do mundo que se esqueceu de humanizar-se, desfigurando teu semblante divino,

Que se olvidou de olhar para o outro e enxergá-lo como irmão.
Em tua face, enxergamos a humanidade ferida, esbofeteada que luta por amor.
Em tua face, os marginalizados, estigmatizados, anônimos, indigentes, sem direito de existirem.

Em tua face golpeada e vilipendiada, está o olhar misericordioso sobre a humanidade,
O brilho da ressurreição,
A esperança do novo dia,
A conversão dos corações empedernidos.
Em tua face, os sem face da história se encontram e são dignificados.

De tua face pelas vias-crúcis do mundo, o encontro das multidões perdidas,
De seres que perambulam em busca de uma terra,
De outros que buscam um sonho,
De outros que buscam a liberdade,
De outros que apenas querem viver,
De Judas capazes de trair e vender o próprio irmão,
De Verônicas que enxugam rostos desfigurados,
De Cireneus que ajudam os outros a carregarem suas pesadas cruzes,
De Marias que choram por verem os frutos de seus ventres esfolados pela opressão,
De Pilatos que acreditam em suas próprias verdades e lavam as mãos,
De homens e mulheres, de boa vontade, que cometem o mal, manipulados pelo sistema,

De bem-aventurados que buscam o Reino dos Céus.
Assim, Senhor, em tua face, do alto da cruz, vemos as misérias do mundo e também sua transformação.

Em tua face, Senhor,
A face de cada um de nós,
Com seus risos e olhares,
Com suores e lágrimas,
Com tamanha humanidade que sangra até doer,
E recolhe a todos em teu terno e eterno sorriso.

PARA MEDITAR:

Que faces desfiguradas do Senhor você encontra em seu dia a dia? Como curá-las? Como recuperar-lhes o sorriso da dignidade?

Mt 5,1-12.
Lc 6,20-23.
Mt 25,31-46.
Mc 14,1–16,8.

51

EM NOME DE DEUS

Assim nos diz as Escrituras: "não pronunciarás o nome de Deus em vão" (Êx 20,7).

Não tomar o santo nome em vão do Invisível, do Onipotente, do Onipresente e do Onisciente.

Um Deus com tantos atributos cujo nome nem deveria ser pronunciado.

No entanto, Deus mesmo quebrou a sacralidade do próprio nome e deixou-se tocar:

O invisível tornou-se pedaço de carne e sangue, matéria humana, sentimentos em sua completeza (Jo 1,14).

O onipotente tornou-se extremamente frágil, em um menino pobre sem eira nem beira, acolhido em uma gruta em meio aos animais, na suprema vulnerabilidade, protegido apenas por amor de uma mãe e um pai adotivo e pelo calor dos animais, e morreu tragicamente em uma cruz (Lc 2,7-8).

O onipresente entrou na contingência da história, dando ao ser humano a liberdade e libertando-o das amarras do medo.

O onisciente aprendeu com os demais, a sua imagem e semelhança, crescendo em estatura, sabedoria e graça (Lc 2,40; Mc 15,24-39).
E Deus mesmo dessacralizou-se, tornou-se caminhante com seu povo, através do deserto e até os dias de hoje.

Deus dessacralizou seu nome para estar conosco.
E nós o colocamos nos cânones e nas leis sagradas para fazê-lo a nossa imagem e semelhança, para nos tornarmos invisíveis, onipotentes, onipresentes e oniscientes. Assim, tomamos o nome de Deus em vão para justificar, muitas vezes, diabolicamente, nossas ações.
Em nome de Deus se convocam as reuniões para a guerra.
Em nome de Deus se exploram um povo e uma terra.
Em nome de Deus se faz a guerra.
Em nome de Deus se discriminam pessoas por sua cor, orientação sexual, credo religioso, por sua cultura...
Em nome de Deus se tortura, vilipendia e mata.
Em nome de Deus se aniquila pelo silêncio e pelo olhar.
Em nome de Deus não se perdoa.
Em nome de Deus se profanam a vida e o próprio sagrado divino existente no outro.
Em nome de Deus se blasfema.
Em nome de Deus se jura falso, mente-se.
Em nome de Deus se pode transformar no Anticristo.
Em nome de Deus se pode tornar maior do que ele...
Esse deus que criamos a nossa imagem e semelhança

e que nos faz invisíveis, onipotentes, onipresentes e oniscientes não é aquele de Deus de Jesus.
O Deus que criamos jamais se permite ser chamado de Abbá, de papaizinho (Mc 14,36).

O Deus de Jesus, sem imagem e sem semelhança, provocou uma revolução: foi capaz de sintetizar divina e sabiamente o antigo código que impunha tantas normas apenas em "amar a Deus e ao próximo como a si mesmo" (Mt 22,37-39; Mc 12,29-30).
Logo, quem ama a Deus não oprime seu próximo e quem ama o próximo não pronuncia o nome de Deus em vão, porque nele está contida a própria imagem divina.

O Deus de Jesus é aquele que supera o dito dos antigos do "olho por olho dente por dente" pelo "entre vocês não deve ser assim", pois o "Pai Celeste faz nascer o sol para bons e maus e cair a chuva sobre os justos e injustos".
É o Deus contraditório, que ameaça as santidades estabelecidas, as leis escritas em pedras, vazias no coração como sepulcros caiados.
E, dessa maneira, Jesus nos faz recuperar nossa verdadeira imagem de Deus. Não aquela que criamos, mas sim aquela sem imagem que deixa Deus ser ele mesmo e nos permite vê-la no próximo, como imagem esculpida pelas mãos do divino oleiro, que nos fez da mesma terra.
Em nome de Deus,
Não usar seu santo nome.
Em nome de Deus, sermos humanos...

PARA MEDITAR:

Em que situações nos dias atuais o nome de Deus é pronunciado em vão?

Êx 20,1-17.

Dt 5,5-2.

Sl 139 (138).

Mc 12,29-34.

Mt 5,21-48.

Mt 22,34-40.

52

DIVINO SOPRO

Ó Santo Espírito, que existe fora do tempo, na eternidade, e se manifesta no tempo,
Abre nossa mente para que enxerguemos tua vontade
E possamos responder a teu sopro de vida.
De teu sopro nascemos, e a ti entregaremos nosso último respiro, para que nos ressuscites com teu sopro para a vida eterna.

Espírito, presença silenciosa e inquietante,
Que cria e recria cada dia o Universo
E o faz casa de todo criado.
Espírito fogo ardente que purifica os corações
E os faz reluzir como ouro provado no cadinho para que seja a habitação da misericórdia e do perdão.
Espírito que transforma nossos ossos ressequidos em nossos túmulos de desesperanças e de trevas em seres novos que resplandecem tua luz.
Espírito que nos infunde a sabedoria, a ciência, a fé, o dom de curar os corações feridos, a capacidade de discernir e interpretar a vontade de Deus, a vocação

profética e o entendimento das coisas divinas.
Espírito que nos provoca, convoca e evoca o mistério divino que nos invoca.
Espírito brilho terno e eterno do rosto do Pai.
Espírito bondade irradiante que nasce da intimidade do Pai e do Espírito.
Simplesmente Espírito.

Tu, ó Espírito, não tens forma, mas tudo forma.
Não te vemos, mas tu enxergas para além de nosso próprio mistério.
E, com teu sopro, limpas nossos porões existenciais, cheios de poeiras do passado, que fazem adoecer nosso presente e a esquecer as lindas memórias de nosso passado.
Com tua luz ilumina-os para que se tornem habitações cheias de luz que acolhe o irmão.

Espírito caminheiro no tempo e na eternidade,
Que se faz nosso companheiro pelos caminhos dos campos e desertos e nos leva às montanhas para avistar o horizonte do infinito.
Espírito que nos faz livro da vida e nos conta nossas próprias histórias como poemas de eternidade.
Espírito companheiro que alimenta nosso ser, dando-nos o pão da fé, o vinho da esperança e a água viva da caridade para vencermos o mal sem ódio e violência.

Espírito que nos invoca pelo nome,
Provoca-nos a seguir pelas paragens do Universo,

Convoca-nos a sermos todos um como tu, o Pai e o Filho são um,
Invocando-nos sobre nós teu divino mistério,
Para que evoquemos o mistério humano imagem e semelhança do divino.

PARA MEDITAR:

Ez 37,1-15.
Lc 4,18-19.
Jo 10,30.
Jo 17.
1Cor 12,1.4-11.
Sb 7,7-28.

53

REDENÇÃO

Avançar no tempo e na história...
Experimentar dentro da própria existência o ser humano novo.
Vitalidade pura, capaz de sonhar, de se construir e de se projetar no futuro a expandir novos horizontes de sabedoria, de graça e realizar a missão divina que lhe foi confiada.

A humildade é fortaleza, grandeza,
Unida à ciência e ao entendimento,
Guiados pelo Espírito divino, ilumina e conduz os passos pelas estradas da existência.

Sonhar faz parte de *poiesis* existencial.
Amar constitui sua essência humana e transcendental.
Navegar pelo mar da existência, aventura mistagógica,
Caminhar pelos jardins da vida, contemplar a estética do criado.
Hospedar o divino no templo interior, alegria ontológica,

Espalhar a boa notícia redentora, missão carismática,
Zelar pelos mais abandonados, constante diaconia.

Glorificar o Senhor com canto novo e ressonante.
Oferecer, assim, ao mundo uma canção de esperança e de paz.
Memória viva do amor divino, humano e redentor,
Encantador acontecimento do ser e do existir,
Brisa suave que toca o radiante rosto humano.

PARA MEDITAR...

54

CORPO TRASPASSADO

Chegaste a minha vida sorrateiro.
Com tamanha delicadeza e afeto, foste me enchendo de carinho,
tocando-me intimamente.
Puseste-me a seduzir e a me fazer cada dia feliz.
Eras, no início, um sonho.
Aos poucos, foste ganhando materialidade, carne, podendo ser tocado e sentido.
Com as pontas de teus dedos, inicias-te a tocar e a tecer minha alegria até entrar inteiramente dentro de mim.
E com teus dedos harpeando meu ser, fui tomando consciência de teu amor e do quanto me amas e me queres.

É bom começar o dia e terminá-lo a teu lado, em tua presença, guiando pacientemente meus passos, cuidando de mim, livrando-me dos perigos, dos sinais vermelhos, das encruzilhadas, das estradas erradas.
É prazeroso estar em tua presença, caminhar contigo

ao longo de teu grande jardim, contemplar tua face reluzente e alegre.
É confortante estar em tua presença e escutar teu silêncio.
É revigorador estar a teu lado, do lado da cicatriz da lança, que fez jorrar sangue e água de teu corpo para encher meu cântaro para continuar o caminho.

E tu, despido das roupas da vaidade, acolhes-me na totalidade de meu ser.
E na pequenez do que sou, oferto meu ser, todo o meu amor, com todo o desejo de estar a teu lado e caminhar contigo, Senhor!

De tão longe, ver tua silhueta e visitar as memórias contidas em meu livro da vida que tem nele seu nome gravado para sempre!
Nele estão talhados os contornos de meu corpo no teu, formando um só corpo.
No divino mistério do profundo amor.

Obrigado, Senhor, por dares-me todo o teu corpo transpassado!
Obrigado por me amares e me fazeres feliz!

PARA MEDITAR...

55

SERES SACRAMENTOS

Com dor suprema nasce a pergunta em meio às lágrimas e à voz embargada.
As respostas, silêncio e apenas paliativos para aliviar uma dor lancinante
E apaziguar o porquê daquilo que nunca compreenderemos; e restarão as cicatrizes da saudade.

Por que as pessoas boas vão embora tão cedo e, muitas vezes, sem dizer adeus? Por que não são eternas? E por que vão embora tão sorrateiras? Tão silenciosamente? Tão dramaticamente? Tão inocentemente? Tão misteriosamente?

As respostas são apenas um olhar para o infinito, em que o olhar desaparece e se encontra, simultaneamente, no Universo, nas estrelas.
Numa busca de transcendência, a finitude nos faz olhar para o Cosmos e, para apaziguar a dor, ver quem perdemos nas estrelas; uma estrela no céu.
Ali estão os seres que amamos... uma forma

metafórica de aliviar nossa própria dor e dar-nos consolação diante do desespero de perder parte de nós mesmos.
Metaforicamente, chamamos universo céu, assim como chamamos o paraíso. Um lugar para o qual nunca fomos, mas que descrevemos como o melhor lugar, onde vivem aqueles que fizeram o bem e que amamos.
Ao lugar que nunca fomos, potencializamos com nossos desejos do melhor lugar a quem amamos, pois a quem se ama deseja-se o paraíso. Assim, encontramos a forma de ressignificar nossa dor, e, de certo modo, estarmos juntos e fazermos tais pessoas se tornarem eternas.

Por que quem é bom vai embora cedo demais? E para quem acredita, por que um Deus bom nos faz passar tanta dor, arrancando-nos uma parte de nossa carne? Sem uma palavra definitiva da razão, um lenitivo espiritual refresca o coração e busca dar sentido ao que parece sem sentido...

Se as pessoas que amamos são parte de nós e as queremos tanto, talvez não será diferente com Deus. Como razão primeira e última de todas as coisas, ele, por suas razões, levou para estar com Ele quem queríamos que fosse eterno e nosso.
No paradoxal modo de pensarmos e sentirmos, deleitamos apenas de um momento existencial do/com o outro, enquanto o divino o terá para toda a eternidade. Por que o Eterno as querem em sua

eternidade? E nós, com o nosso ciúme, e a nossa angústia, e as nossas nossas razões, continuamos a perguntar: por quê?
Apesar da agonia, como encontramos a forma de ressignificarmos nossa dor, e, de certo modo, estarmos juntos e fazermos tais pessoas se tornarem eternas, encontram-nos, Deus e nós, no bom lugar para o qual nunca fomos, aonde todos nos convergimos...

No final de tudo, em meio à tristeza agônica e ao silêncio, vamos nos dando conta de que tais seres são sacramentos que, mesmo ausentes, evocam uma presença, um pacto, um testemunho, um juramento, um sinal, um olhar para o Universo para encontrar nele o não lugar, que um dia será nosso lugar.

E esses seres sacramentos continuam conosco,
Continuam vivos,
Provocam-nos saudade,
Alimentam nossas memórias,
Vontade de encontro e reencontro,
E desejo de uma resposta-sacramento para apaziguar nossa espera,
Pois seres sacramentos são bons, vão embora cedo demais e nos fazem falta.
Vão embora cedo demais para estarem com Deus e, nele, estarem conosco, naquela estrela onde nosso olhar se perde de vista...

56

PESSOAS ANJOS

Entre o divino e o humano, há uma categoria que desde os primórdios nominamos: anjo.
A contar dos anjos no paraíso, aos portadores de boas ou má notícias, aos de guarda, acreditamos, de um modo ou de outro, nesses seres que não vemos.
Podem ser manifestações do próprio inconsciente humano que necessita de proteção, segurança e cria uma entidade, criatura para lhe encorajar?
Uma crença em alguém capaz de fazer nossos pedidos chegarem ao divino, devido a nossa condição frágil, decaída ou de fazer a mensagem divina voltar até nós...?
O certo é que lidamos com esses seres que não vimos, mas são tão íntimos a nós...

Em nosso imaginário anjos são seres bons, que trazem boas notícias, protegem-nos, dão-nos carinho, confortam-nos, cura-nos, ama-nos, evocam nossa inocência original e estão sempre a nosso lado.
Não costumamos chamar de anjinhos as crianças inocentes ou anjo a quem amamos ou nos faz o bem?

Talvez, porque anjos nos deixam ser quem realmente somos e nos dá confiança e liberdade de sermos...

Esses seres estão presentes nas Escrituras, em nossa fé, na arte, na literatura, em nossos relacionamentos; tentamos materializá-los em diferentes formas, das mais imponentes, fortes, agressivas às mais ternas, inocentes... Provamos materializar algo que não vimos, mas sabemos que, de algum modo, existe e não sabemos nomeá-lo: anjos....

Ah, os anjos... sobre isso se discutiu muito...quem são, sua forma, sua ação... até o sexo dos anjos...

Para além de tudo, a certeza é de que, quando nos referimos a esses seres, buscamos um modo de sintetizar uma realidade de bondade. E, certamente, podemos encontrar, não em formas aladas, mas muito concretas, visíveis: anjos!

Anjos são pessoas, de carne e osso, que merecem tal título, porque são esse misto de divino e humano, criaturas divinas, que Deus coloca em nosso caminho para guiar nossas estradas.
Anjos são pessoas que carregam em si profunda bondade, ternura e fazem o bem ao próximo. Passam uma vida inteira fazendo o bem e não se cansam.

São aqueles seres que, em sua simplicidade, estampam um sorriso que, de algum modo, toca-nos por dentro e muda nosso dia cinzento.

São aqueles seres que nos tomam pela mão e nos ajudam a pisar pedras firmes para não afundarmos nas águas dos mares da vida.
São aqueles seres que nos tiram da letargia, do desânimo, da fraqueza, dão-nos pão e água e nos chamam à realidade: "levanta-te, coma porque o caminho é longo"... (1Rs 19,5-8).
São seres que nos tiram da esterilidade e nos dão vida nova, esperança.
São seres que nos fazem enxergar novamente (Tb 5,4–6,1-9).
São seres que dão asas a nossos sonhos e nos encorajam a voar com eles.
São seres de fé ardente que nos ajudam a enfrentar as batalhas da vida.

Anjos são seres humanos que acreditam no outro e se dão gratuitamente, porque são bons, mesmo em suas fragilidades.
Anjos são aqueles seres humanos que são capazes de enxergar, mesmo nas trevas, luzes e são mensageiros de esperança e de um mundo melhor.
Anjos são seres que se apresentam a nós, quando estamos na profunda agonia de nosso Getsêmani, e nos encorajam para assumir a cruz e fazer a vontade do Pai (Lc 22,42-43).
Anjos são seres humanos, samaritanos, pai misericordioso que se compadece, não julga os demais, porque julgar, em sentido mais profundo, compete somente a Deus...

Anjos são seres capazes de nos esperar, quando nossos passos estão cansados e nossos pés machucados. E, quando não podemos andar, tomam-nos em seus ombros.
São seres que passam em nossa vida, fazem tamanho bem, e vão embora cedo demais; porém deixam pegadas de eternidade.
São seres iguais a nós que não têm medo da fragilidade, mas fazem da compaixão presença significativa, onde imperam os moralismos e as falsas divindades.
Anjos são ternos e eternos, mesmo com sua finitude.
São pessoas que nos querem bem e dão a vida por nós...
Anjos são pessoas...
São seres que curam nossa alma, nosso corpo, nossa corporeidade...

PARA MEDITAR:

1Rs 19,5-8.
Tb 5,4–6,1-9.
Is 52,7.
Lc 1,8-38.
Lc 22,42-44.

Quem são as pessoas anjos que você já encontrou em sua vida? Em que situações?

O que você precisa para se tornar uma pessoa anjo e se doar aos demais?

57

TOCAR A EXISTÊNCIA COM OS DEDOS DE DEUS

Silenciosamente, abandono-me em teus braços.
Neles, sou quem sou, sem medo, sem julgamentos.
Aos poucos, vou entrando dentro de mim mesmo,
fazendo uma grande peregrinação interior.
Visito meus totens e tabus,
Meus deuses e ídolos,
Meu *eros* e *thanatos,*
Meu Hades e meu Cosmos,
Minhas dúvidas e certezas,
Meu ser em movimento com sua respiração, expiração e inspiração,
Meu ser que repousa em ti.

Silenciosamente, com um olhar turvo te contemplo.
Em meu íntimo tua voz, que sussurra ardentemente a meu coração, vai lentamente me acalmando.
Aos poucos, vou percebendo-me em mim mesmo,
sentindo todo o meu ser, tocando-o com a ponta de teus dedos.

Com tanta ternura, acaricias meu rosto e tocas meus olhos, que se abrem para ver teu rosto, outrora escondido, anônimo, distante. Em teu rosto, vejo o reflexo do meu, passo a contemplá-lo e nele ver a porta de minha alma com suas janelas para o infinito. Curado de minha falta de visão, passo a enxergar além de mim mesmo com os olhos da fé, da humanidade, da prudência, da sabedoria e da ciência, dons de teu Espírito. Com um novo olhar, admiro a beleza de tudo o que criaste e me deste gratuitamente.

Com teus dedos delicados, toco minha boca, que se abre para proclamar tuas maravilhas e a palavra que sussurras tranquilamente em meu coração, dando-me entusiasmo e sabedoria. Liberto-me de minha mudez, que me impedia de falar de ti.

Fazendo tatear teus dedos sobre meu rosto, encosto-os em meus ouvidos e começo a escutar com maior intensidade minhas vozes interiores e a voz do mundo. Curo-me de minha surdez existencial e posso discernir entre tua voz e aquela de meus ídolos. E, ouvindo claramente tua voz, posso discernir e escolher teus caminhos. Assim, seguir-te-ei, pois te escuto chamares-me pelo nome.

Com teus dedos, tocas minha mão seca, imóvel e dá-lhe ação e dinamismo para fazer o bem a quem encontrar, abençoar os benditos e amaldiçoados pelo mundo e trazê-los para o centro para te encontrar.

Em meu repouso, sinto meus pés cansados. Com teus dedos, toca-los e livra-los das amarras que os impedem de caminhar em teus caminhos. Transforma-los em pés de mensageiro que anuncia boas notícias e leva esperança aos desesperançados.
E assim, por intermédio de tua presença, toco, a partir de teus dedos, minha existência, minha corporeidade.
E no silêncio contemplativo, sou revigorado.
Insisto, resisto, persisto e vou respondendo a meu sim, tocando minha existência com a ponta de teus divinos dedos...

PARA MEDITAR:

Os 2,14.
Is 52,7.
Is 61,1-3.
Mc 3,3-4.

O que significa para você tocar a existência com os dedos de Deus? Já experimentou isso em sua vida?

58

ENTRE VÓS NÃO DEVE SER ASSIM...

Ouvistes o que foi dito... entre vós não deve ser assim! ...

Certamente, essas duas palavras de Jesus nos provocam, deixam-nos perplexos e nos silencia... Faz-nos reconhecer que ainda não demos o salto qualitativo enquanto humanidade para melhorarmos o mundo onde vivemos.

Não superamos a síndrome de Caim, que afirma não ser responsável pelo irmão e o mata, escondidamente, de alguma forma, nos caminhos do campo e, diante do apelo divino: onde está seu irmão, responde irônica e sarcasticamente: por acaso sou seu guarda?

Sim, somos responsáveis pelo outro!

Talvez, esquecemo-nos de nossa raiz originária: o sopro do Espírito, que fez nosso pó tornar-se vida. Olvidamos de que somos a imagem do divino e de que, quando abrimos os olhos pela primeira vez,

vimos diante de nós sua face, a dizer-nos: essa é a face de minha face... espírito de meu espírito... inteligência de minha inteligência... bondade de minha bondade...
Desaprendemos o olhar apaixonado do Criador, que nos contemplou por inteiro, e nos fizemos narcisistas, olhando apenas para nosso lago cheio de sereias a nos atrair e trair-nos...
Deslembramo-nos de que somos apenas poeira ao vento, ao pó retornaremos e seremos lembrados apenas pelo amor.
Desmemoriamo-nos de nossa capacidade de afeto e de acolher o diferente que tantas vezes nos incomoda.
Menosprezamos a diversidade e optamos por sermos mônadas em nossos mundos cêntricos, concêntricos e nos esquecemos do excêntrico, que nos faz ver o diferente.

Ouvistes o que foi dito... entre vós não deve ser assim!...
Não nos foi dito que devemos ser os melhores.
Apenas bons...
E ser bom faz a diferença, pois, uma vez bons, fazemo-nos melhores com os outros...

E assim, mansamente, Jesus nos deixa sem palavras:
"Ouvistes o que foi dito: 'Olho por olho e dente por dente'. Não resistas ao perverso; mas, se alguém te ofender com um tapa na face direita, volta-lhe também a outra'".
"Ouvistes o que foi dito: 'Amarás teu próximo e

odiarás teu inimigo'. Eu, porém, vos digo: Amai vossos inimigos e orai pelos que vos perseguem'".
"Ouvistes o que foi dito... 'não será assim entre vós. Quem desejar ser importante entre vós será esse o que deva servir aos demais'".
E o que faremos?
O que faremos com nossos desejos de vingança do "prato que se come frio"?
Com nossas leis mais puras do que o Evangelho?
Com nossos julgamentos mais sumários do que aquele do Justo Juiz?
De nosso deus feito a nossa imagem e semelhança para nos empoderar e apoderar nossos interesses?
Com um Deus injusto que faz raiar o sol sobre maus e bons e derrama chuva sobre justos e injustos?
Com nossa religião que acolhe somente os puros e os "impuros pecadores" são lançados aos infernos que inventamos para lhes torturarem a consciência e viverem culpados toda uma vida?

Ouvistes o que foi dito... entre vós não deve ser assim!...
Entre vós deve ser diferente!
Basta apenas não esquecermos do sorriso divino, quando este nos viu abrir os olhos diante de si,
E de que somos criados para sermos apenas bons...
Assim sendo, seremos perfeitos como perfeito é o Pai, que está nos céus...

Ouvistes o que foi dito... entre vós não deve ser assim!...

O que foi dito que ouvistes?

PARA MEDITAÇÃO:

Gn 4,1-16.
Mt 5,21-48.
Mt 20,17-28.

Como vivenciar essa proposta de Jesus em tempos de tanta intolerância ao outro?

De que modo podemos contribuir para melhorar o mundo onde vivemos a partir desses ensinamentos?

59

O MUNDO AINDA TEM SALVAÇÃO

O que salva o mundo? E quem o salva? Ainda resta algo que nos dê esperança? Lidar com as preocupações cotidianas? Com os medos? Com o desconhecido que não sabemos de onde vem nem para onde nos levará?

Confortavelmente, para não nos comprometermos ou não colocarmos nossas respostas ou fé em crise, já temos a resposta cabal, na ponta de nossa língua, de que Deus salva o mundo. É certo, tal verdade teológica, no entanto não basta apenas tal afirmação e delegar ao divino toda a responsabilidade!...

Desde o início, ele tudo fez e tudo salvou, porém, desorientado nas trilhas do jardim, o ser humano se perdeu em uma floresta escura, cheia de labirintos e continua, até hoje, a buscar a luz do sol para se orientar e dali escapar.

Na obra de Deus o mundo está salvo e, divinamente, ele fez tudo o que podia pelo ser humano: até a loucura de entrar na carne frágil, sorrateira, passageira, finita... Assim, não cabe mais a Deus salvar o mundo. Cabe, agora, simplesmente, a cada ser humano que nele vive.

A salvação do mundo não é extrínseca a nós... está dentro de nós, estende-se a nosso redor, é palpável e podemos realizá-la. Não é um milagre divino. É algo divino, tão humano quanto respirar e existir. Começa, em seu sentido profundo, em cuidar da saúde da alma como princípio vital que nos anima, encoraja, humaniza-nos e nos faz salvar o outro.
A salvação passa pelo milagre humano de semear o bem em cada canto do jardim que, milagrosa e alegremente, o grande Jardineiro nos preparou. Esse milagre de semear a bondade, usar a inteligência para o bem mantém vivo o mundo e o fará livre de sua própria ruína.
A salvação não vem pelos grandes deste mundo... chega pelas gotas de bondade e suor que molham e refrescam o chão do mundo e da história e fazem nascer brotos de esperança e florescer sorrisos.

Há salvação para o mundo? Sim, ela existe! Está naquilo que só, e tão somente só, existe no ser humano, a humanidade. Humanidade é condição para mudar o mundo e a vida humana!
Humanidade é condição para salvar o mundo criado pela divindade, como lugar de sua epifania, e teofania do mistério humano que se constrói, a cada dia, pelo *tremendum* mistério de fé de acreditar em si, no outro e no próprio divino.

Salvar o mundo não é ato heroico e ingênuo. É atitude suprema e corajosa de se confrontar, olhar-se no espelho da existência e se despir das roupas que escondem nossa beleza originária, ser companheiro daquele que teceu o Universo, para ser lugar único de salvação.

A salvação vem daqueles homens e daquelas mulheres que entram nas entranhas obscuras da vida e da história e as fazem dar à luz o bem, quase frágil e prematuro, que, com seu choro e seu sorriso, é capaz de despertar os corações empedernidos, que não creem na bondade e não a conhecem.

O mundo ainda tem salvação, pois ainda existem pessoas que fazem o bem, anônimas, em extremo silêncio, sem pretensões, sem reconhecimentos. São bem-aventuradas...
São pessoas que enxergam o mundo com os olhos do Criador e continuam a criá-lo tocando a existência com dedos divinos e a colorir a vida com suas diferentes cores...

PARA MEDITAÇÃO:

Mt 5,1-16.
Mt 7,12.
Lc 6,20-23.

Ainda há uma esperança para o mundo?

Qual sua contribuição pessoal para ajudar a mudar o mundo?

60

DESCOBERTA...

Senhor,
Eis o mosaico que construí com os fragmentos que me deste.
Com o sopro de teu Espírito,
Far-me-ei obra tua.
Poesia,
Poema,
História,
Cântico novo,
Prece.
Este sou eu, que te ofereço o poema de minha vida...

PARA MEDITAR:

Ao terminar este livro, após lê-lo, meditá-lo, qual o poema que escreve de sua vida?

Quais as descobertas feitas?

Escreva seu poema/oração "*descoberta*" e reze-o.

CONCLUSÃO

Ao chegar ao final deste percurso, certamente o leitor foi, passo a passo, encontrando seus fragmentos e, pacientemente, pôs-se a refletir sobre a construção de seu mosaico interior e pessoal com muita ternura, do mesmo modo que o divino Espírito nos plasmou. Essa obra que somos não está acabada! Vai-se fazendo nessa teia de relações eu-outro-Deus-mundo. Esse é o cimento que segura cada fragmento de nossa existência, a fim de que se sustente e se transforme em arte humana que reflete o divino. Se o divino se fez arte no humano, também nós podemos refleti-lo naquilo que somos, em nosso profundo mistério, poema imanente transcendental, cântico novo.

Cada pessoa, com sua história, é um livro de arte que vai, a partir das partículas de mosaico, sendo elaborado página por página, folheada pelo sopro do Espírito, a ganhar densidade, de tal modo que se conclui com a epifania do rosto humano, que traz em seu semblante a trama do mistério da vida. É no rosto que se evidenciam as digitais do que somos e agimos, de como acolhemos ou rejeitamos alguém. É por meio dele que enxergamos e absorvemos a realidade. Não é à toa que, segundo a tradição bíblica, por ele, onde estão as narinas, Deus insufla seu sopro para que tenhamos vida e possamos comunicá-la em sua beleza (Gn 2,7). É por meio dessa epifania que podemos tocar a existência com dedos divinos para fazer resplandecer, no humano, o rosto divino.

Que ao concluir sua leitura, caro leitor, você possa tocar a própria existência com os dedos de Deus, fazendo de sua história um grande mosaico existencial, em que resplendam a verdade e a beleza do seu próprio ser.

ÍNDICE

Este livro foi composto com as famílias tipográficas Adobe Garamond, Mebinac e Segoe
e impresso em papel Offset 63g/m² pela **Gráfica Santuário.**